Wilhelm Busch, einmalig in seiner Doppelbegabung als Zeichner und Dichter, zählt zu den beliebtesten deutschen Künstlern. »Max und Moritz«, »Die fromme Helene«, »Hans Huckebein, der Unglücksrabe«: Nahezu jeder ist mit seinen Bild-Geschichten aufgewachsen, und in deutschen Haushalten gehören die großformatigen Wilhelm-Busch-Alben neben Bibel und Kochbuch noch immer zur Grundausstattung.

Viele seiner Reime und Aphorismen wurden zu geflügelten Worten und sind in den allgemeinen Sprichwortschatz aufgenommen worden. Seine boshaftesten Reime und Sprüche versammelt dieser Band.

Wilhelm Busch, geboren am 15. April 1832 in Wiedensahl, einem kleinen Dorf bei Hannover, starb am 9. Januar 1908 in Mechtshausen am Harz.

insel taschenbuch 3311
Wilhelm Busch für Boshafte

Wilhelm Busch
für Boshafte

Ausgewählt von Thomas Kluge
Insel Verlag

Umschlagabbildung: Wilhelm Busch,
Selbstbildnis, 1894

4. Auflage 2012
Insel Verlag Berlin

Erste Auflage 2007
insel taschenbuch 3311
Originalausgabe
© Insel Verlag Frankfurt am Main und Leipzig 2007
Alle Rechte vorbehalten, insbesondere das der Übersetzung,
des öffentlichen Vortrags sowie der Übertragung
durch Rundfunk und Fernsehen, auch einzelner Teile.
Kein Teil des Werkes darf in irgendeiner Form
(durch Fotografie, Mikrofilm oder andere Verfahren)
ohne schriftliche Genehmigung des Verlages reproduziert
oder unter Verwendung elektronischer Systeme
verarbeitet, vervielfältigt oder verbreitet werden.
Vertrieb durch den Suhrkamp Taschenbuch Verlag
Umschlag nach Entwürfen von Willy Fleckhaus
Druck: Druckhaus Nomos, Sinzheim
Printed in Germany
ISBN 978-3-458-35011-8

Inhalt

- 9 Dies und das
- 15 Kinder und Erziehung
- 25 Mann und Frau
- 36 Ehe und Familie
- 45 Leib und Seele
- 52 Dummheit und Biedersinn
- 58 Tugend und Laster
- 65 Mord und Totschlag
- 75 Mensch und Tier
- 84 Stadt und Land
- 89 Begabung und Beruf
- 97 Kirche und Glaube
- 104 Alter und Tod
- 115 Zu guter Letzt
- 122 Über Wilhelm Busch

- 125 Nachwort
- 138 Quellenverzeichnis

Dies und Das

Bemüh dich nur und sei hübsch froh,
Der Ärger kommt schon sowieso.

[II, 876. Aphorismen]

Dem Glücklichen schlägt kein Gewissen.

[II, 875. Aphorismen]

Sein Prinzip ist überhaupt:
Was beliebt, ist auch erlaubt;
Denn der Mensch als Kreatur
Hat von Rücksicht keine Spur.

[II, 275. Tobias Knopp]

Der eine fährt Mist, der andre spazieren;
Das kann ja zu nichts gutem führen.

[II, 1035. Der Nöckergreis]

Wo man am meisten drauf erpicht,
gerade das bekommt man meistens nicht.

[II, 875. Aphorismen]

Sehr tadelnswert ist unser Tun,
Wir sind nicht brav und bieder.

[I, 808. Kritik des Herzens]

Es gibt ja leider Sachen und Geschichten,
Die reizend und pikant,

Nur werden sie von Tanten und von Nichten
Niemals genannt.

[II, 568. Zu guter Letzt]

Enthaltsamkeit ist das Vergnügen
An Sachen, welche wir nicht kriegen.

[I, 910. Die Haarbeutel]

Schon viel zu lang
Hab' ich der Bosheit mich ergeben.
Ich lasse töten, um zu leben,
Und bös macht bang.

[II, 564. Zu guter Letzt]

Schweigen will ich von Lokalen,
Wo der Böse selber praßt,
Wo im Kreis der Liberalen
Man den Heilgen Vater haßt.

[I, 559. Die fromme Helene]

Gehorchen wird jeder mit Genuß
Den Frauen, den hochgeschätzten,
Hingegen machen uns meist Verdruß
Die sonstigen Vorgesetzten.

Nur wenn ein kleines Mißgeschick
Betrifft den Treiber und Leiter,
Dann fühlt man für den Augenblick
Sich sehr befriedigt und heiter.

[II, 588. Zu guter Letzt]

Erfüllte Wünsche kriegen Junge, viele wie die Säue.

[II, 875. Aphorismen]

Tugend will, man soll sie holen,
Ungern ist sie gegenwärtig;
Laster ist auch unbefohlen
Dienstbereit und fix und fertig.

»Gute Tiere«, spricht der Weise,
»Mußt du züchten, mußt du kaufen,
Doch die Ratten und die Mäuse
Kommen ganz von selbst gelaufen.«

[II, 560. Zu guter Letzt]

Die Frage ist oft eine Mutter der Lüge.

[II, 873. Aphorismen]

Ach, mitunter muß man lügen,
und mitunter lügt man gern.

[II, 873. Aphorismen]

Böse Tanten werden Hausspinnen nach ihrem Tode.

[II, 869. Aphorismen]

Der eine trägt Holz, der andere wärmt sich dran.

[II, 872. Aphorismen]

Das ist es eben! Man denkt nicht nur, man will auch leben.

[II, 885. Aphorismen]

So dich jemand auf die linke Backe schlägt, so reiße ihm das rechte Auge aus und wirf es von dir.

[II, 872. Aphorismen]

Wenn wer sich wo als Lump erwiesen,
So bringt man in der Regel diesen
Zum Zweck moralischer Erhebung
In eine andere Umgebung.

[II, 628. Maler Klecksel]

Sie ist sehr begabt – mit Geld.

[II, 868. Aphorismen]

Mit dem Bezahlen wird man das meiste Geld los.

[II, 875. Aphorismen]

Um Neid ist keiner zu beneiden.

[II, 875. Aphorismen]

Willst du das Leben recht verstehn,
Mußt Du's nicht nur von vorn besehn.
Von vorn betrachtet, sieht ein Haus
Meist besser als von hinten aus.

[II, 876. Aphorismen]

Ich bin Pessimist für die Gegenwart, aber Optimist für die Zukunft.

[II, 876. Aphorismen]

Wer einsam ist, der hat es gut,
Weil keiner da, der ihm was tut.

[II, 609. Zu guter Letzt]

»Das erfrischt!« sagte die Katz', da fiel sie ins Regenfaß.
»Das wird ein warmer Tag!« sagte die Hexe, da sollte sie
verbrannt werden.

[II, 877. Aphorismen]

Bettelleut' hat keiner gern,
Mehr beliebt sind reiche Herrn.

[II, 877. Aphorismen]

Er wäre was, wenn er was hätte.

[II, 878. Aphorismen]

Besonders tief und voll Empörung
Fühlt man die pekuniäre Störung.

[II, 506. Balduin Bählamm]

Noch seine tote Hand hielt krampfhaft den Geldbeutel
fest.

[II, 878. Aphorismen]

Die erste alte Tante sprach:
»Wir müssen nun auch dran denken,
Was wir zu ihrem Namenstag
Dem guten Sophiechen schenken.«

Drauf sprach die zweite Tante kühn:
»Ich schlage vor, wir entscheiden

Uns für ein Kleid in erbsengrün,
Das mag Sophiechen nicht leiden.«

Der dritten Tante war das recht:
»Ja«, sprach sie, »mit gelben Ranken!
Ich weiß, sie ärgert sich nicht schlecht
Und muß sich auch noch bedanken.«

[I, 814. Kritik des Herzens]

Kinder und Erziehung

Allein man nimmt sich nicht in acht,
Und schlupp! ist man zur Welt gebracht.
Zuerst hast du es gut, mein Sohn,
Doch paß mal auf, man kommt dir schon!

[I, 909. Die Haarbeutel]

Bereits dein braves Elternpaar
Erscheint dir häufig sonderbar.

[I, 909. Die Haarbeutel]

Zwar man zeuget viele Kinder,
Doch man denket nichts dabei.
Und die Kinder werden Sünder,
Wenn's den Eltern einerlei.

[I, 560. Die fromme Helene]

Die Tante winkt, die Tante lacht:
»He, Fritz, komm mal herein!
Sieh, welch ein hübsches Brüderlein
Der gute Storch in letzter Nacht
Ganz heimlich der Mama gebracht.
Ei ja, das wird dich freun!«
Der Fritz, der sagte kurz und grob:
»Ich hol' 'n dicken Stein
Und schmeiß' ihn an den Kopp!«

[I, 816. Kritik des Herzens]

Früh zeigt sich seine Energie,
Indem er aus dermaßen schrie;
Denn früh belehrt ihn die Erfahrung:
Sobald er schrie, bekam er Nahrung.

[II, 620. Maler Klecksel]

Man kann sein Geld nicht schlechter anlegen
Als in ungezogenen Kindern.

[II, 875. Aphorismen]

Denn gerne gibt man aus der Hand
Den Säugling, der nicht stammverwandt.

[II, 555. Balduin Bählamm]

Als Kind von angenehmen Zügen
War Röschen ein gar lustig Ding.
Gern zupfte sie das Bein der Fliegen,
Die sie geschickt mit Spucke fing.

Sie wuchs und größere Objekte
Lockt sie von nun an in ihr Garn,
Nicht nur die jungen, nein, sie neckte
Und rupft' auch manchen alten Narrn.

[II, 599. Zu guter Letzt]

Drum soll ein Kind die weisen Lehren
Der alten Leute hochverehren!
Die haben alles hinter sich
Und sind, gottlob! Recht tugendlich!

[I, 561. Die fromme Helene]

Es saust der Stock, es schwirrt die Rute,
Du sollst nicht scheinen, was du bist.
Wie schad', o Mensch, daß dir das Gute
Im Grunde so zuwider ist.

[II, 578. Zu guter Letzt]

So hat es sich von je gefügt, daß Edelmut Gewalt erliegt.

[II, 879. Aphorismen]

Durch die Kinderjahre hindurchgeprügelt.

[II, 879. Aphorismen]

Der Lehrer der Dorfjugend, weil nicht der meinige, hatte keine Gewalt über mich – solange er lebte. Aber er hing sich auf, fiel herunter, schnitt sich den Hals ab und wurde auf dem Kirchhofe dicht vor meinem Kammerfenster begraben. Und von nun an zwang er mich allnächtlich, auch in der heißesten Sommerzeit, ganz unter der Decke zu liegen. Bei Tag ein Freigeist, bei Nacht ein Geisterseher.

[II, 14. Von mir über mich]

Ein eigner Kerl war Krischan Bolte.
Er tat nicht gerne, was er sollte.
Als Kind schon ist er so gewesen.
Religion, Rechtschreiben und Lesen
Fielen für ihn nicht ins Gewicht:
Er sollte zur Schule und wollte nicht.

[II, 574. Zu guter Letzt]

»Komm, Nero!« spricht Herr Bartel ernst
»Es wird jetzt Zeit, daß du was lernst!
Du willst nicht? – Gut! So hau' ich dich
Mit einem Stecken fürchterlich.«
Drauf sitzt der Nero mäuschenstill
Und hört, was man ihm sagen will.

[I, 319. Der Lohn des Fleißes]

Die Strafe der Faulheit

Fräulein Ammer kost allhier
Mit Schnick, dem allerliebsten Tier.
Sie füttert ihn, so viel er mag,
Mit Zuckerbrot den ganzen Tag.
Und nachts liegt er sogar im Bett,
da wird er freilich dick und fett.

Einstmals als sie spazierengehen,
Sieht man den Hundefänger stehen.
Er lockt den Schnick mit einer Brezen,
Das Fräulein sieht es mit Entsetzen.
Doch weil er nicht gehorchen kann,
fängt ihn gripsgraps der böse Mann.

Seht, wie er läuft, der Hundehäscher!
Und trägt im Sack den dicken Näscher.
Gern lief er fort, der arme Schnick
Doch ist er viel zu dumm und dick.
»Den schlacht' ich!« spricht der böse Mann.
»Weil er so fett und gar nichts kann.«

Das Fräulein naht und jammert laut,
es ist zu spat; da liegt die Haut.
Zwei Gülden zahlt sie in der Stille
Für Schnickens letzte Außenhülle.
Hier steht der ausgestopfte Schnick.
– Wer dick und faul, hat selten Glück.

[I, 315. Strafe der Faulheit]

Ach, was muß man oft von bösen
Kindern hören oder lesen!

Ja, zur Übeltätigkeit,
Ja, dazu ist man bereit!

Menschen necken, Tiere quälen,
Äpfel, Birnen, Zwetschgen stehlen,

Das ist freilich angenehmer
Und dazu auch viel bequemer,

Als in Kirche oder Schule
Festzusitzen auf dem Stuhle.

Aber wehe, wehe, wehe!
Wenn ich auf das Ende sehe!!

[I, 19. Max und Moritz]

»Fließet aus dem Aug', ihr Tränen!
All mein Hoffen, all mein Sehnen,
Meines Lebens schönster Traum
Hängt an diesem Apfelbaum!«

[I, 25. Max und Moritz]

Alle Hühner waren fort. –
»Spitz!!« – Das war ihr erstes Wort.
Mit dem Löffel groß und schwer
Geht es über Spitzen her;
Laut ertönt sein Wehgeschrei,
Denn er fühlt sich schuldenfrei.

[I, 31. Max und Moritz]

Denn wer böse Streiche macht,
Gibt nicht auf den Lehrer acht.
Max und Moritz, unverdrossen,
Sinnen aber schon auf Possen,
Ob vermittels seiner Pfeifen
Dieser Mann nicht anzugreifen

Eben schließt in sanfter Ruh
Lämpel seine Kirche zu;
Und mit Buch und Notenheften
Nach besorgten Amtsgeschäften
Lenkt er freudig seine Schritte
Zu der heimatlichen Hütte,

Und voll Dankbarkeit sodann
Zündet er sein Pfeifchen an.
»Ach!« – spricht er – »Die größte Freud
Ist doch die Zufriedenheit!!«
Rums!! – Da geht die Pfeife los
Mit Getöse, schrecklich groß.

[I, 43. Max und Moritz]

Ganz von Kuchenteig umhüllt
Stehn sie da als Jammerbild.
Gleich erscheint der Meister Bäcker
Und bemerkt die Zuckerlecker.
Eins, zwei, drei! – Eh' man's gedacht,
Sind zwei Brote draus gemacht.

In dem Ofen glüht es noch –
Ruff!! – damit ins Ofenloch!
Ruff!! – man zieht sie aus der Glut;
Denn nun sind sie braun und gut.
Jeder denkt, die sind perdü!
Aber nein! – Noch leben sie!

[I, 65. Max und Moritz]

Max und Moritz wird es schwüle,
Denn nun geht es nach der Mühle.
»Meister Müller, he, heran!
Mahl er das, so schnell er kann!«
»Her damit!« Und in den Trichter
Schüttet er die Bösewichter.

Rickeracke! Rickeracke!
Geht die Mühle mit Geknacke.
Hier kann man sie noch erblicken,
Fein geschroten und in Stücken.
Doch zugleich verzehret sie
Meister Müllers Federvieh.

[I, 68. Max und Moritz]

Als man dies im Dorf erfuhr,
War von Trauer keine Spur.

[I, 69. Max und Moritz]

Als ich ein kleiner Bube war,
War ich ein kleiner Lump;
Zigarren raucht' ich heimlich schon,
Trank auch schon Bier auf Pump.
Zur Hose hing das Hemd heraus,
Die Stiefel lief ich krumm,
Und statt zur Schule hinzugehn,
Strich ich im Wald herum.
Wie hab' ich's doch seit jener Zeit
So herrlich weit gebracht! –
Die Zeit hat aus dem kleinen Lump
'nen großen Lump gemacht.

[I, 80. Münchner Bilderbogen]

Sie spricht voll Würde und voll Schmerz:
»Die Reinlichkeit ist nicht zum Scherz!!«
Und die Moral von der Geschicht:
Bad zwei in einer Wanne nicht.

[I, 669. Das Bad am Samstagabend]

Doch ach! Wie bald wird uns verhunzt
Die schöne Zeit naiver Kunst;
Wie schnell vom elterlichen Stuhle
Setzt man uns auf die Bank der Schule!

[II, 622. Maler Klecksel]

Aujau! Er fällt – denn mit Geblase
Schießt Franz den Pfeil ihm in die Nase.
Da denkt Herr Bartelmann, aha!
Dies spitze Ding, das kenn' ich ja!
Und freudig kommt ihm der Gedanke,
Der Franz steht hinter dieser Planke!
Und – klapp! schlägt er mit seinem Topf
Das Pusterohr tief in den Kopf!
Drum schieß mit deinem Püstericht
Auf keine alten Leute nicht!

[I, 679. Das Pusterohr]

Fritz, der mal wieder schrecklich träge,
Vermutet, heute gibt es Schläge,
Und knöpft zur Abwehr der Attacke
Ein Buch sich unter seine Jacke,
Weil er sich in dem Glauben wiegt,
Daß er was auf den Buckel kriegt.
Die Schläge trafen richtig ein.
Der Lehrer meint es gut. Allein
Die Gabe wird für heut gespendet
Mehr unten, wo die Jacke endet.
Wo Fritz nur äußerst leicht bekleidet
Und darum ganz besonders leidet.
Ach, daß der Mensch so häufig irrt
Und nie nicht weiß, was kommen wird!

[II, 602. Zu guter Letzt]

Diogenes und die bösen Buben von Korinth

Nachdenklich liegt in seiner Tonne
Diogenes hier an der Sonne.
Ein Bube, der ihn liegen sah,
Ruft seinen Freund; gleich ist er da.
Nun fangen die zwei Tropfen
Am Fasse an zu klopfen.

Diogenes schaut aus dem Faß
Und spricht: »Ei, ei! Was soll denn das!«
Kaum legt Diogenes sich nieder,
So kommen die bösen Buben wieder.
Sie gehn ans Faß und schieben es;
»Halt, halt!« schreit da Diogenes.

Ganz schwindlig wird der Brave. –
Paßt auf! Jetzt kommt die Strafe.
Zwei Nägel, die am Fasse stecken,
Fassen die Buben bei den Röcken.
Die bösen Buben weinen
Und zappeln mit den Beinen.

Da hilft kein Weinen und kein Schrei'n,
Sie müssen unters Faß hinein.
Die bösen Buben von Korinth
Sind platt gewalzt, wie Kuchen sind.
Diogenes der Weise aber kroch ins Faß
Und sprach: »Jaja! Das kommt von das.«

[I, 188. Diogenes und die bösen Buben von Korinth]

Mann und Frau

Er hatte, was sich nicht gehört,
Drei Bräute an der Zahl
Und nahm, nachdem er sie betört,
'ne vierte zum Gemahl.

[II, 740. Schein und Sein]

Es war ein Mägdlein froh und keck,
Stets lacht' ihr Rosenmund,
Ihr schien die Liebe Lebenszweck
Und alles andre Schund.

[II, 606. Zu guter Letzt]

Ratsam ist und bleibt es immer
Für ein junges Frauenzimmer,
Einen Mann sich zu erwählen
Und womöglich zu vermählen.

Erstens: will es so der Brauch.
Zweitens: will man's selber auch.
Drittens: man bedarf der Leitung
Und der männlichen Begleitung;

Weil bekanntlich manche Sachen,
Welche große Freude machen,
Mädchen nicht allein verstehn;
Als da ist: Ins Wirtshaus gehn.

[I, 592. Die fromme Helene]

Im wohnlichen Stübchen voll sumsender Fliegen steht das tätige Mütterlein. Sie sucht Fliegenbeine aus der Butter, die sie demnächst zu kneten gedenkt; denn Reinlichkeit ist die Zierde der Hausfrau. Aber ihr Stolz ist die Klugheit. Mit mildem Kartoffelbrei füllt sie die Butterwälze, denn morgen ist Markttag in der Stadt.

[II, 415. Eduards Traum]

So ist die gute Mamsell Schmöle
Besorgt für Riekens Heil der Seele.
Ja später noch, in stiller Nacht,
Ist sie auf diesen Zweck bedacht
Und schleicht an Riekens Zimmertür
Und schaut, ob auch die Rieke hier
Und ob sie auch in Frieden ruht
Und daß ihr ja nicht wer was tut,
Was sich nun einmal nicht gehört,
Was gottlos und beneidenswert.

[I, 809. Kritik des Herzens]

Wärst du ein Bächlein, ich ein Bach,
So eilt' ich dir geschwinde nach.
Und wenn ich Dich gefunden hätt'
In deinem Blumenuferbett,
Wie wollt ich mich in dich ergießen
Und ganz mit dir zusammenfließen,
Du vielgeliebtes Mädchen du!

[I, 826. Kritik des Herzens]

Böses Weib soll man dem Teufel zum Geburtstag schenken.

[II, 868. Aphorismen]

Sehr häufig traf Studiosus Döppe
Paulinen auf des Hauses Treppe,
Wenn sie als Witwe tugendsam
Des Morgens aus der Stube kam.

Da sie Besitzerin vom Haus,
So sprach sich Döppe schließlich aus
Und bat mit Liebe und Empfindung
Um eine dauernde Verbindung.

»Herr Döppe«, sprach Pauline kühl,
»Ich ehr' und achte Ihr Gefühl,
Doch dies Gepolter auf der Treppe
Fast jede Nacht ist bös, Herr Döppe!«

Worauf denn Döppe fest beschwor,
Die Sache käme nicht mehr vor.
Dies Schwören sollte wenig nützen.
Nachts hat er wieder einen sitzen.

[I, 938. Nur leise]

Ein Haar in der Suppe mißfällt uns sehr,
Selbst wenn es vom Haupt der Geliebten wär'.

[II, 868. Aphorismen]

S' ist doch ein himmlisches Vergnügen,
Sein rundes Mädel herzukriegen
Und rundherum und auf und nieder
Im schönen Wechselspiel der Glieder
Die ahnungsvolle Kunst zu üben,
Die alle schätzen, welche lieben. –

Hermine tanzt wie eine Sylphe,
ihr Tänzer ist der Forstgehülfe.

[I, 735. Die Kirmes]

Sind doch die Damen geborene Philosophen; sie denken,
was sie wollen, und wissen alles am besten.

[II, 869. Aphorismen]

Zwischen diesen zwei gescheiten
Mädchen, Anna und Dorette,
Ist zu allen Tageszeiten
Doch ein ewiges Gekrette.
Noch dazu um Kleinigkeiten –
Gestern gingen sie zu Bette,
Und sie fingen an zu streiten,
Wer die dicksten Waden hätte.

[I, 817. Kritik des Herzens]

Ach lieber Gott, jaja, so ist es!
Nicht wahr, ihr guten Mädchen wißt es:
Kaum hat man was, was einen freut,
So macht der Alte Schwierigkeit.

[I, 733. Die Kirmes]

Seht, da steigt er schon hinein.
Freudig zittert sein Gebein.
Und er küsst die zarte Hand,
Die er da im Dunkeln fand.
Und er hält mit Liebeshast
Eine Nachtgestalt umfaßt. –

Mickefett! Das gibt Malheur!
Denn die Tante liebt nicht mehr! –

[II, 311. Julchen]

Was soll ich nur von eurer Liebe glauben?
Was kriecht ihr immer so in dunkle Lauben?
Wozu das ew'ge Flüstern und Gemunkel?
Das scheinen höchst verdächtige Geschichten.
Und selbst die ehelichen Pflichten,
Von allem Tun die schönste Tätigkeit,
In Tempeln von des Priesters Hand geweiht,
Ihr hüllt sie in ein schuldbewußtes Dunkel.

[I, 818. Kritik des Herzens]

So zum Beispiel die Geschichte
Von dem Gottlieb Michael,
Der bis dato sich beholfen
So la la als Junggesell.

Zwo bejahrte fromme Tanten
Lenken seinen Hausbestand,
Und Petrine und Pauline
Werden diese zwo benannt.

Außerdem, muß ich bemerken,
Ist noch eine Base da,
Hübsch gestaltet, kluggelehrig,
Nämlich die Angelika.

Wo viel zarte Hände walten –
Na, das ist so, wie es ist!

Kellerschlüssel, Bodenschlüssel
Führen leicht zu Zank und Zwist.

Ebenso in Kochgeschichten
Einigt man sich manchmal schwer.
Gottlieb könnte lange warten,
Wenn Angelika nicht wär'.

Sie besorgt die Abendsuppe
Still und sorgsam und geschwind;
Gottlieb zwickt sie in die Backe:
»Danke sehr, mein gutes Kind!«

Grimmig schauen jetzt die Tanten
Dieses liebe Mädchen an:
»Ei, was muß man da bemerken?
Das tut ja wie Frau und Mann!«

[I, 687. Pater Filuzius]

Er war ein grundgescheiter Mann,
Sehr weise und hocherfahren;
Er trug ein graumeliertes Haar,
Dieweil er schon ziemlich bei Jahren.
Er war ein abgesagter Feind
Des Lachens und des Scherzens
Und war doch der größte Narr am Hof
Der Königin seines Herzens.

[I, 824. Kritik des Herzens]

»Es geht ja leider nur soso
Hier auf der Welt«, sprach Salomo.
Dies war verzeihlich. Das Geschnatter
Von tausend Frauen, denn die hatt' er,
Macht auch den Besten ungerecht.

[II, 585. Zu guter Letzt]

Er liebte sie in aller Stille.
Bescheiden, schüchtern und von fern
Schielt er nach ihr durch seine Brille
Und hat sie doch so schrecklich gern.

[II, 574. Zu guter Letzt]

Nachdem er am Sonntagmorgen
Vor seinem Spiegel gestanden,
Verschwanden die letzten Sorgen
Und Zweifel, die noch vorhanden.
Er wurde so verwegen,
Daß er nicht länger schwankte.
Er schrieb ihr. Sie dagegen
Erwidert: Nein, sie dankte.
Der Schreck, den er da hatte,
Hätt' ihn fast umgeschmissen,
Als hätt' ihn eine Ratte
Plötzlich ins Herz gebissen.

[II, 600. Zu guter Letzt]

So wird oft die schönste Stunde
In der Liebe Seelenbunde
Durch Herbeikunft eines Dritten
Mitten durch- und abgeschnitten.

[II, 349. Fipps der Affe]

Sie ist ein reizendes Geschöpfchen,
Mit allen Wassern wohl gewaschen;
Sie kennt die süßen Sündentöpfchen
Und liebt es, häufig draus zu naschen.
Da bleibt den sittlich Hochgestellten
Nichts weiter übrig, als mit Freuden
Auf diese Schandperson zu schelten
Und sie mit Schmerzen zu beneiden.

[II, 565. Zu guter Letzt]

Ein Irrtum, welcher sehr verbreitet
Und manchen Jüngling irreleitet,
Ist der: daß Liebe eine Sache,
Die immer viel Vergnügen mache.

[II, 40. Der heilige Antonius.]

Wer möchte nicht, wenn er durchfroren,
Die halbverglasten, steifen Ohren
An einen warmen Busen drücken
Und so allmählich sich erquicken?

[II, 41. Der heilige Antonius]

Welche Augen! Welche Miene!
Seit ich dich zuerst gesehen,
Engel in der Krinoline,
Ist's um meine Ruh' geschehen.

Ach! In fieberhafter Regung
Lauf' ich Tag und Nacht spazieren,
Und ich fühl' es, vor Bewegung
Fang' ich an zu transpirieren.

Würde deiner Augen Sonne
Einmal nur mich freundlich grüßen,
Ach! Vor lauter Lust und Wonne
Schmölz' ich hin zu deinen Füßen.

Aber ach! Aus deinen Blicken
Wird ein Strahl herniederwettern,
Mich zerdrücken und zerknicken
Und zu Knochenmehl zerschmettern.

[I, 138. Metaphern der Liebe]

O ihr Mädchen, o ihr Weiber,
Arme, Beine, Köpfe, Leiber,
Augen mit den Feuerblicken,
Finger, welche zärtlich zwicken,
und was sonst für dummes Zeug –
Krökel, der verachtet euch.

[II, 213. Tobias Knopp]

Unsere dicke, nette Jule
Geht bereits schon in die Schule,
Und mit teilnahmsvollem Sinn
Schaut sie gern nach Knaben hin.

[II, 292. Julchen]

Julchen ist nun wirklich groß,
Pfiffig, fett und tadellos,
Und der Vater ruft: »Was seh' ich?
Die Mamsell ist heiratsfähig!«

[II, 297. Julchen]

Anderseits, wie das so geht,
Mangelt jede Pietät.
Man ist fürchterlich verliebt,
Ohne daß man Achtung gibt
Oder irgendwie bedenkt,
Ob man alte Leute kränkt.
Selten fragt sich so ein Tor:
»Was geht in den Eltern vor?«
Ja, so ist die Jugend heute! –
Schrecklich sind die jungen Leute
Hinter Knoppens Julchen her,
Und recht sehr gefällt es der. –
Was hat Knopp doch für Verdruß,
Wenn er das bemerken muß!

[II, 299. Julchen]

Aber »alle Menschen, ausgenommen Damen«, spricht der Weise, »sind mangelhaft!«

[II, 403. Eduards Traum]

Ein galantes Abenteuer

Der Morgen graut. Ich kam per Bahn
stolz in der Stadt der Welfen an.
Und da ich wandle, seh' ich walten
im Morgenscheine fünf Gestalten.
»Seid mir gegrüßt, ihr edlen Frauen
so wunderlieblich anzuschauen!« –
»Wat hat he segt?!« So tönt's im Chor
fünf Besen heben sich empor.

Ich stolpre in ein Kehrichtfaß;
die Besen sind sehr dürr und naß.
Kaum rett' ich mich, schon halb verdroschen
mit 25 Silbergroschen.
Das hemmt der Besengarde Lauf.
Ein Bad nimmt meine Glieder auf.
So geht's! – Bei Damen sollst du fein
gar niemals nicht ironisch sein.

[I, 297. Ein galantes Abenteuer]

Liebe – sagt man schön und richtig –
Ist ein Ding, was äußerst wichtig.
Nicht nur zieht man in Betracht,
Was man selber damit macht,
Nein, man ist in solchen Sachen
Auch gespannt, was andre machen.

[II, 316. Julchen]

Ehe und Familie

Sie hat nichts und du desgleichen;
Dennoch wollt ihr, wie ich sehe,
Zu dem Bund der heil'gen Ehe
Euch bereits die Hände reichen.

Kinder, seid ihr denn von Sinnen?
Überlegt euch das Kapitel!
Ohne die gehör'gen Mittel
Soll man keinen Krieg beginnen.

[I, 822. Kritik des Herzens]

Die Liebe war nicht geringe.
Sie wurden ordentlich blaß;
Sie sagten sich tausend Dinge
Und wußten noch immer was.

Sie mußten sich lange quälen.
Doch schließlich kam's dazu,
Daß sie sich konnten vermählen.
Jetzt haben die Seelen Ruh.

Bei eines Strumpfes Bereitung
Sitzt sie im Morgenhabit;
Er liest in der Kölnischen Zeitung
Und teilt ihr das Nötige mit.

[I, 818. Kritik des Herzens]

Geldheirat: Er hat vom Schwiegervater ein gutes Stück Brot gekriegt, aber ein schlechtes Stück Fleisch dazunehmen müssen.

[II, 869. Aphorismen]

»Geld gehört zum Ehestande,
Häßlichkeit ist keine Schande,
Liebe ist beinah absurd.
Drum, du nimmst den Junker Jochen
Innerhalb der nächsten Wochen!« –
Also sprach der Ritter Kurt.

[II, 572. Zu guter Letzt]

Lache nicht, wenn mit den Jahren
Lieb und Freundlichkeit vergehen,
Was Paulinchen ist geschehen,
Kann auch dir mal widerfahren.

Sieh nur, wie verändert hat sich
Unser guter Küchenbesen,
Er, der sonst so weich gewesen,
Ist jetzunder stumpf und kratzig.

[II, 587. Zu guter Letzt]

Knopp verfügt sich weiter fort
Bis an einen andern Ort.
Da wohnt einer, den er kannte
Der sich Sauerbrot benannte.

Sauerbrot, der fröhlich lacht,
Hat sich einen Punsch gemacht.
»Heißa!« rufet Sauerbrot.
»Heißa! Meine Frau ist tot!!

Hier in diesem Seitenzimmer
Ruhet sie bei Kerzenschimmer.
Heute stört sie uns nicht mehr,
Also, Alter, setz dich her,

Nimm das Glas und stoße an,
Werde niemals Ehemann,
Denn als solcher, kann man sagen,
Muß man viel Verdruß ertragen.

Kauf Romane und Broschüren,
Zahle Flechten und Turnüren,
Seidenkleider, Samtjacketts,
Zirkus- und Konzertbilletts –

Ewig hast du Nöckerei.
Gott sei Dank, es ist vorbei!«
Knarr! Da öffnet sich die Tür.
Wehe! Wer tritt da herfür?

Madam Sauerbrot, die schein-
Tot gewesen, tritt herein.
Starr vor Schreck wird Sauerbrot,
Und nun ist er selber tot.

[II, 200. Tobias Knopp]

Viel Freude macht, wie männiglich bekannt,
Für Mann und Weib der heilige Ehestand!
Und lieblich ist es für den Frommen,
Der die Genehmigung dazu bekommen,
Wenn er sodann nach der üblichen Frist
Glücklicher Vater und Mutter ist.

[I, 611. Die fromme Helene]

Vater werden ist nicht schwer,
Vater sein dagegen sehr.
Ersteres wird gern geübt,
Weil es allgemein beliebt.
Selbst der Lasterhafte zeigt,
Daß er gar nicht abgeneigt;
Nur will er mit seinen Sünden
Keinen guten Zweck verbinden,
Sondern, wenn die Kosten kommen,
Fühlet er sich angstbeklommen.

[II, 270. Tobias Knopp]

So ein böser Mensch verbleibt
Lieber gänzlich unbeweibt. ...
Wird am Ende krumm und faltig,
Grimmig, gräulich, ungestaltig,
Bis ihn denn bei Nacht und Tag
Gar kein Mädchen leiden mag.
Onkel heißt er günst'gen Falles,
Aber dieses ist auch alles.

[II, 271. Tobias Knopp]

Oh, wie anders ist der Gute!
Er erlegt mit frischem Mute
Die gesetzlichen Gebühren,
Läßt sich redlich kopulieren,
Tut im Stillen hocherfreut
Das, was seine Schuldigkeit,
Steht dann eines Morgens da
Als ein Vater und Papa
Und ist froh aus Herzensgrund,
Daß er dies so gut gekunnt.

[II, 271. Tobias Knopp]

Wo kriegten wir die Kinder her,
Wenn Meister Klapperstorch nicht wär'?

[I, 619. Die fromme Helene]

Wer in Dorfe oder Stadt
Einen Onkel wohnen hat,
der sei höflich und bescheiden,
Denn das mag der Onkel leiden.

[I, 45. Max und Moritz]

Vor mir ein zärtliches Pärchen. Ihr schleift, am Bändel hängend, die Schürze nach. Ich wirble sie auf mit dem Stock und sage in gefälligem Ton: »Fräulein, Sie verlieren etwas.« Sie hört es nicht. Es ist der Augenblick vor einem Liebeskrach. Er schlägt sie zu Boden, tritt ihr dreimal hörbar auf die Brust, und fort ist er. – Schnell ging's. – Und was für einen sonderbaren Ton das gibt, so ein Fußtritt auf ein weibliches Herz. Hohl, nicht hell. Nicht Trommel, nicht Pauke. Mehr lederner Handkoffer, voll Lieb und Treu vielleicht. Ich gebe ihr meinen Arm, daß sie sich aufrichten und erholen kann; denn man ist oft gerührt und galant, ohne betrunken zu sein.

[II, 27. Von mir über mich]

Unvermutet, wie zumeist,
kommt die Tante zugereist.
Herzlich hat man sie geküsst,
Weil sie sehr vermöglich ist.

[II, 305. Julchen]

Von einer alten Tante
Ward ich recht schön bedacht:
Sie hat fünfhundert Gulden
Beim Sterben mir vermacht.
Die gute alte Tante! –
Fürwahr, ich wünschte sehr,
Ich hätt' noch mehr der Tanten
Und – hätt' sie bald nicht mehr!

[I, 83. Münchner Bilderbogen]

Es saß in meiner Knabenzeit
Ein Fräulein jung und frisch
Im ausgeschnittnen grünen Kleid
Mir vis-à-vis bei Tisch.
Und wie's denn so mit Kindern geht,
Sehr frömmig sind sie nie,
Ach, dacht' ich oft beim Tischgebet,
Wie schön ist doch Marie!

[I, 816. Kritik des Herzens]

Ein Onkel, der Gutes mitbringt,
Ist besser als eine Tante, die bloß Klavier spielt.

[II, 871. Aphorismen]

Es ist halt schön,
Wenn wir die Freunde kommen sehn. –
Schön ist es ferner, wenn sie bleiben
Und sich mit uns die Zeit vertreiben. –
Doch wenn sie schließlich wieder gehen,
Ist's auch recht schön.

[II, 871. Aphorismen]

Der Samstag ist meistens so ein Tag,
Den der Vater nicht leiden mag.
Es wirbelt der Staub, der Besen schwirrt,
Man irrt umher und ist verwirrt. –
Hier oben auf der Fensterbank
Steht Liese und macht die Scheiben blank.

Knopp, welcher seine Pfeife vermißt
Und gar nicht weiß, wo sie heute ist,
Schweift sorgenschwer im Haus umher,
Ob sie nicht wo zu finden wär'.
Er denkt: Wo mag die Pfeife sein?
Und zwickt der Liese ins Bein hinein.

Obgleich dies nur ganz unten geschehen,
Frau Doris hat es nicht gern gesehen.
Sie ruft: »Das bitt' ich mir aber aus!
Abscheuliches Mädchen, verlasse das Haus!«

So wären denn Knoppens also mal
Ohne weibliches Dienstpersonal.

[II, 230. Tobias Knopp]

Grollend hat Madam soeben
Sich bereits zur Ruh begeben.
Freundlich naht sich Knopp und bang –
»Bäh!« Nicht gut ist der Empfang.

Demutsvoll und treu und innig
Spricht er: »Doris, schau, da bin ich!«
Aber heftig stößt dieselbe –
Bubb! – ihn auf sein Leibgewölbe.

Dieses hat ihn sehr verdrossen.
Tief gekränkt, doch fest entschlossen,
Schreitet er mit stolzem Blick
Wieder ins Hotel zurück.

[II, 241. Tobias Knopp]

Darunter auch ein Ehepaar,
Was glücklich und zufrieden war.
Er, sonst gesund, war blind und stumm;
Sie sehend, aber lahm und krumm
An jedem Glied bis auf die Zunge
und eine unverletzte Lunge.
Das paßte schön. Sie reitet ihn
Und, selbstverständlich, leitet ihn
Als ein geduldig Satteltier,
Sie obenauf, er unter ihr.

[II, 740. Schein und Sein]

Der Landmann hackte Holz entzwei, während seine Gemahlin sich mal eben entfernt hatte, um im nahen Gebüsch für die Meckerziege ein schmackhaftes Futter zu pflücken. »Oh, meine Mamme ist weg!« schrie das Kind und kam aus dem Haus gelaufen und weinte sehr heftig. »Da weinst du über!« sprach der besonnene Vater. »Mach dich doch nicht lächerlich!« Dieser Vater, so scheint's, hatte bereits den Gipfel der ehelichen Zärtlichkeit erklommen, wo die Schneeregion anfängt.

[II, 414. Eduards Traum]

Seine Liebe war ewig. Als seine Frau starb,
nahm er sich eine andere.

[II, 868. Aphorismen]

In der Kammer, still und donkel,
Schläft die Tante bei dem Onkel.

[I, 586. Die fromme Helene]

Leib und Seele

Doch jeder Jüngling hat wohl mal
n' Hang fürs Küchenpersonal.

[I, 581. Die fromme Helene]

Ein kluger Mann verehrt das Schwein;
Er denkt an dessen Zweck.
Von außen ist es ja nicht fein,
Doch drinnen sitzt der Speck.

[II, 702. Hernach]

Wer raucht, der raucht nicht gerne kalt.

[II, 580. Zu guter Letzt]

O wie ist das hinderlich,
Wenn man ringsherum an sich
So viel Fettigkeit besitzt,
Daß man pusten muß und schwitzt
Und nichts weiter denkt als bloß:
Wie werd' ich meine Schwarte los?!

[II, 1039. Der Privatier]

Bald drauf kommt Schmöck herunter
So recht vergnügt und frisch und munter.
Und emsig setzt er sich zu Tische,
Denn heute gibt's Salat und Fische.

Autsch! – Eine Gräte kommt verquer,
Und Schmöck wird blau und hustet sehr;

Und hustet, bis ihm der Salat
Aus beiden Ohren fliegen tat.

Bums! Da! Er schließt den Lebenslauf.
Der Jean fängt schnell die Flasche auf.
»Oh!« – sprach der Jean – »Es ist ein Graus!
Wie schnell ist doch das Leben aus!«

[I, 620. Die fromme Helene]

Kinder, lasset uns besingen,
Aber ohne allen Neid,
Onkel Kaspers rote Nase,
Die uns schon so oft erfreut.
Einst ward sie als zarte Pflanze
Ihm von der Natur geschenkt;
Fleißig hat er sie begossen,
Sie mit Wein und Schnaps getränkt.
Bald bemerkte er mit Freuden,
Daß die junge Knospe schwoll,
Bis es eine Rose wurde,
Dunkelrot und wundervoll.

[I, 815. Kritik des Herzens]

»Pist! Kellner! Stell'n Sie eine kalt!
Und, Kellner, aber möglichst bald!«
Der Kellner hört des Fremden Wort.
Es saust der Frack. Schon eilt er fort.

Wie lieb und luftig perlt die Blase
Der Witwe Klicko in dem Glase. –

Gelobt seist du viel tausend Mal!
Helene blättert im Journal.

»Pist! Kellner! Noch einmal so eine!«
– Helene ihre Uhr ist neune. –
Der Kellner hört des Fremden Wort.
Es saust der Frack. Schon eilt er fort.

Wie lieb und luftig perlt die Blase
Der Witwe Klicko in dem Glase.-
»Pist! Kellner! Noch so was von dem!«
– Helenen ihre Uhr ist zehn. –

Schon eilt der Kellner emsig fort. –
Helene spricht ein ernstes Wort, –
Der Kellner leuchtet auf der Stiegen.
Der fremde Herr ist voll Vergnügen.

Pitsch! – Siehe da! Er löscht das Licht.
Plumps! Liegt er da und rührt sich nicht.

[I, 604. Die fromme Helene]

Man tut es häufig, tut es gern,
Und möglichst lange tut man's auch;
Die Nase schwillt, es wächst der Bauch,
Und bald, mein Sohn, wirst du mit Graun
Im Spiegelglas dein Bildnis schaun.

[I, 910. Die Haarbeutel]

Es ist ein Brauch von alters her,
Wer Sorgen hat, hat auch Likör.
Doch wer zufrieden und vergnügt,
Sieht auch zu, daß er welchen kriegt.

[II, 885. Aphorismen]

So geht es mit Tabak und Rum:
Erst bist du froh, dann fällst du um.

[I, 948. Vierhändig]

Er kennt kein weibliches Verbot,
Drum raucht und dampft er wie ein Schlot.

[II, 609. Zu guter Letzt]

Doch ihm fehlt Zufriedenheit. –
Nur mit großer Traurigkeit
Bleibt er vor dem Spiegel stehn,
Um sein Bildnis zu besehn

Auch bemerkt er außerdem,
Was ihm gar nicht recht bequem,
Daß er um des Leibes Mitten
Längst die Wölbung überschritten,

Welche für den Speiseschlauch,
Bei natürlichem Gebrauch,
Wie zum Trinken, so zum Essen,
Festgesetzt und abgemessen.

[II, 151. Tobias Knopp]

Wer aber mal einen guten Appetit hat, den geniert es nicht viel, wenn er auch mal ein paar unglückliche Fliegen in der Suppe findet.

[II, 419. Eduards Traum]

Einen Menschen namens Meier
Schubst man aus des Hauses Tor,
Und man spricht, betrunken sei er;
Selber kam's ihm nicht so vor.

[I, 917. Der Undankbare]

Besonders aber tat ihr leid
Der armen Leute Bedürftigkeit. –
Und da der Arzt mit Ernst geraten,
Den Leib in warmem Wein zu baden,
So tut sie's auch.
Oh, wie erfreut ist nun die Schar der armen Leut;
Die, sich recht innerlich zu laben,
Doch auch mal etwas Warmes haben.

[I, 610. Die fromme Helene]

Die Mönche erhuben ein laut Geschrei,
Antonius hub an zu beten:
»Ave Maria, mundi spes!
Erhalt uns armen Mönchen –
Du weißt es ja, wir brauchen es –
Den Wein in unsern Tönnchen!«
Und sieh! Erloschen ist die Glut
Der gier'gen Feuerzungen;
Die frommen Brüder fassen Mut,
Sie waren so fröhlich und sungen.

[II, 64. Der heilige Antonius]

Das Messer blitzt, die Schweine schrein,
Man muß sie halt benutzen,
Denn jeder denkt: Wozu das Schwein,
Wenn wir es nicht verputzen?

[II, 752. Schein und Sein]

Wer als Wein- und Weiberhasser
Jedermann im Wege steht,
Der genieße Brot und Wasser,
Bis er endlich in sich geht.

[II, 762. Schein und Sein]

Es wird mit Recht ein guter Braten
Gerechnet zu den guten Taten;
Und daß man ihn gehörig mache,
Ist weibliche Charaktersache.
Ein braves Mädchen braucht dazu
Mal, erstens, reine Seelenruh,
Daß bei Verwendung der Gewürze
Sie sich nicht hastig überstürze.
Dann, zweitens, braucht sie Sinnigkeit,
Ja, sozusagen Innigkeit,
Damit sie alles appetitlich,
Bald so, bald so und recht gemütlich
Begießen, drehn und wenden könne,
Daß an der Sache nichts verbrenne.
In summa braucht sie Herzensgüte,
Ein sanftes Sorgen im Gemüte,
Fast etwas Liebe insofern.
Für all die hübschen, edlen Herrn,
Die diesen Braten essen sollen

Und immer gern was Gutes wollen.
Ich weiß, daß hier ein jeder spricht:
»Ein böses Mädchen kann es nicht.«
Drum hab' ich mir auch stets gedacht
Zu Haus und anderwärts:
Wer einen guten Braten macht,
Hat auch ein gutes Herz.

[I, 809. Kritik des Herzens]

»Jetzt zahlen, oder Bier gibt's nimmer!«
Ach! Reines Glück genießt doch nie,
Wer zahlen soll und weiß nicht wie!

[II, 643. Maler Klecksel]

Dummheit und Biedersinn

Dummheit ist auch eine natürliche Begabung.

[II, 871. Aphorismen]

Dummheit, die man bei anderen sieht,
Wirkt meist erhebend aufs Gemüt.

[II, 871. Aphorismen]

Vergebens predigt Salomo.
Die Leute machen's doch nicht so.

[II, 876. Aphorismen]

Warum er immer so vergnügt?
Weil er die anderen für dümmer hält als sich selbst.

[II, 872. Aphorismen]

Wie es scheint, ist die Moral
Nicht so bald beleidigt,
Während Schlauheit allemal
Wütend sich verteidigt.
Nenn den Schlingel liederlich,
Leicht wird er's verdauen;
Nenn ihn dumm, so wird er dich,
Wenn er kann, verhauen.

[II, 571. Zu guter Letzt]

Wie klein ist das, was einer ist,
Wenn man's mit seinem Dünkel mißt.

[II, 866. Aphorismen]

Wenn andere klüger sind als wir,
Das macht uns selten nur Pläsier,
Doch die Gewißheit, daß sie dümmer,
erfreut fast immer.

[II, 872. Aphorismen]

Es wohnen die hohen Gedanken
In einem hohen Haus.
Ich klopfte, doch immer hieß es:
»Die Herrschaft fuhr eben aus!«

[I, 801. Kritik des Herzens]

Er war nicht unbegabt. Die Geisteskräfte
Genügten für die laufenden Geschäfte.

[II, 598. Zu guter Letzt]

Dumme Gedanken hat jeder, nur der Weise verschweigt sie.

[II, 878. Aphorismen]

Vor allem der Politikus
Gönnt sich der Rede Vollgenuß;
Und wenn er von was sagt, so sei's,
Ist man auch sicher, daß er's weiß.

[II, 617. Maler Klecksel]

Jenes selige Gefühl, wobei das ganze Gesicht glanzstrahlend aus dem Leime geht; jenes wonnige Bewußtsein, daß wir wen vor uns haben, der noch dümmer oder häßlicher ist als wir selber; diese aufrichtige Freude an der Bestätigung unserer überwiegenden Konkurrenzfähigkeit, deren lauten oder leisen Ausdruck wir Lachen oder Schmunzeln nennen.

[II, 428. Eduards Traum]

Wenn einer, der mit Mühe kaum
Gekrochen ist auf einen Baum,
Schon meint, daß er ein Vogel wär,
So irrt sich der.

[II, 723. Hernach]

Jedoch die Welt ist voller Leute;
Vorherrschend Juden, Weiber, Christen,
Die dich ganz schrecklich überlisten
Und die, anstatt dir was zu schenken,
Wie du wohl möchtest, nicht dran denken.

[I, 909. Die Haarbeutel]

Was ihm dagegen Wert verleiht,
Ist Rührig- und Betriebsamkeit.
Wenn wo was los, er darf nicht fehlen;
Was ihm beliebt, das muß er stehlen;
Wenn wer was macht, er macht es nach;
Und Bosheit ist sein Lieblingsfach.

[II, 327. Fipps der Affe]

Vizehirn: besorgt die laufenden Geschäfte, auch wenn der Herr nicht daheim ist.

[II, 884. Aphorismen]

Mancher ertrinkt lieber, als daß er um Hilfe ruft.

[II, 878. Aphorismen]

Ein Philosoph von ernster Art:
Ich lache nie. Ich lieb' es nicht,
Mein ehrenwertes Angesicht
Durch Zähnefletschen zu entstellen.
Das Lachen will ich überlassen
Den minder hochbegabten Klassen.

[II, 592. Zu guter Letzt]

Ein Narr hat Glück in Masse,
Wer klug, hat selten Schwein.

[II, 767. Schein und Sein]

Die Welt ist wie Brei. Zieht man den Löffel heraus, und wär's der größte, gleich klappt die Geschichte wieder zusammen, als wenn gar nichts passiert wäre.

[II, 423. Eduards Traum]

Die Welt, obgleich sie wunderlich,
Ist gut genug für dich und mich.

[II, 874. Aphorismen]

Da lob' ich mir die Höflichkeit,
Dies zierliche Betrügen.
Du weißt Bescheid, ich weiß Bescheid;
Und allen macht's Vergnügen.

[I, 813. Kritik des Herzens]

Und eben dies macht uns ein Hauptvergnügen,
Wenn Biederleute, die allhier auf Erden
Geruhig leben, recht gehudelt werden,
Daß sie vor Ärger fast die Kränke kriegen.

[I, 639. Die fromme Helene]

Spare deine guten Lehren für den eigenen Genuß.

[II, 745. Schein und Sein]

Sie stritten sich beim Wein herum,
Was das nun wieder wäre;
Das mit dem Darwin wär' gar zu dumm
Und wider die menschliche Ehre.
Sie tranken manchen Humpen aus,
Sie stolperten aus den Türen,
Sie grunzten vernehmlich und kamen zu Haus
Gekrochen auf allen vieren.

[I, 821. Kritik des Herzens]

Bequeme Leute; wenn sie gähnen, lassen sie meist gleich
das Maul offen fürs nächste Mal.

[I, 986. Der Schmetterling]

Wirklich, er war unentbehrlich!
Überall, wo was geschah
Zu dem Wohle der Gemeinde,
Er war tätig, er war da.

Schützenfest, Kasinobälle,
Pferderennen, Preisgericht,
Liedertafel, Spritzenprobe,
Ohne ihn, da ging es nicht.

Ohne ihn war nichts zu machen,
Keine Stunde hatt' er frei.
Gestern, als sie ihn begruben,
War er richtig auch dabei.

[I, 810. Kritik des Herzens]

Geboren ward er ohne Wehen
Bei Leuten, die mit Geld versehen.
Er schwänzt die Schule, lernt nicht viel,
Hat Glück bei Weibern und im Spiel,
Nimmt eine Frau sich, eine schöne,
Erzeugt mit ihr zwei kluge Söhne,
Hat Appetit, kriegt einen Bauch,
Und einen Orden kriegt er auch,
Und stirbt, nachdem er aufgespeichert
Ein paar Milliönchen, hochbetagt;
Obgleich ein jeder weiß und sagt:
»Er war mit Dummerjan geräuchert.«

[II, 755. Schein und Sein]

Der klugen Leute Ungeschick stimmt uns besonders heiter. Man fühlt doch für den Augenblick sich auch einmal gescheiter.

[II, 877. Aphorismen]

Man schwebt herum, ist schuldenfrei,
Hat keine Uhr und keine Eile
Und äußerst selten Langeweile.

[I, 909. Die Haarbeutel]

»Wär' nicht die rechte Bildung da,
Wo wären wir? Jajajaja!«

[II, 673. Maler Klecksel]

Tugend und Laster

Mensch, was bist du für ein Schlingel!

[II, 879. Aphorismen]

Das Gute – dieser Satz steht fest –
Ist stets das Böse, was man läßt.

[I, 637. Die fromme Helene]

Wer nicht besonders auserlesen,
Dem macht die Tugend Schwierigkeit.

[II, 737. Schein und Sein]

Man ist ja von Natur kein Engel,
Vielmehr ein Welt- und Menschenkind.
Und ringsumher ist ein Gedrängel
Von solchen, die dasselbe sind.

[II, 578. Zu guter Letzt]

Die Tugend will nicht immer passen.
Im ganzen läßt sie etwas kalt,
Und daß man eine unterlassen,
Vergißt man bald.
Doch schmerzlich denkt manch alter Knaster,
Der von vergangnen Zeiten träumt,
An die Gelegenheit zum Laster,
Die er versäumt.

[II, 579. Zu guter Letzt]

Wer Bildung hat, der ist empört,
Wenn er so schrecklich fluchen hört.
Vergebens ring' ich meine Hände,
Die Flucherei nimmt doch kein Ende!

[II, 579. Zu guter Letzt]

Zur Tugend, wie man zu sagen pflegt,
Ist eigentlich keiner recht aufgelegt.

[II, 873. Aphorismen]

Ich warne dich als Mensch und Christ:
Oh, hüte dich vor allem Bösen!
Es macht Pläsier, wenn man es ist,
Es macht Verdruß, wenn man's gewesen!

[I, 561. Die fromme Helene]

Ach der Tugend schöne Werke,
Gerne möcht' ich sie erwischen,
Doch ich merke, doch ich merke,
Immer kommt mir was dazwischen.

[I, 812. Kritik des Herzens]

Entrüstung ist ein erregter Zustand der Seele, der meist dann eintritt, wenn man erwischt wird.

[II, 423. Eduards Traum]

»Ei ja! – Da bin ich aber froh!
Denn, Gott sei Dank! Ich bin nicht so!«

[I, 638. Die fromme Helene]

Die Reue wegen Unterlassung einer bösen Tat ist, fürcht'
ich, nur zu häufig.

[II, 872. Aphorismen]

Das sogenannte böse Gewissen sollte eigentlich das gute
heißen, weil's ehrlich die Wahrheit sagt.

[II, 879. Aphorismen]

Ganz richtig, diese Welt ist nichtig.
Auch du, der in Person erscheint,
Bist ebenfalls nicht gar so wichtig,
Wie deine Eitelkeit vermeint.

[II, 756. Schein und Sein]

Was man besonders gerne tut,
Ist selten ganz besonders gut.

[II, 873. Aphorismen]

Tugend will ermuntert sein,
Bosheit kann man von allein.

[II, 485. Plisch und Plum]

Ein guter Mensch gibt gerne acht,
Ob auch der andre was Böses macht
Und strebt durch häufige Belehrung
Nach seiner Beßrung und Bekehrung.

[I, 608. Die fromme Helene]

Der Beste muß mitunter lügen;
Zuweilen tut er's mit Vernügen.

[II, 873. Aphorismen]

Wer sagt, die ganze Welt sei schlecht,
Der hat wohl nur so ziemlich recht.

[II, 874. Aphorismen]

Den Lasterhaften tadelt oft, wer ihn beneidet.

[II, 877. Aphorismen]

Will das Glück nach seinem Sinn
Dir was Gutes schenken,
Sage Dank und nimm es hin
Ohne viel Bedenken.

[II, 760. Schein und Sein]

Bösewicht mit Bösewicht – auf die Dauer geht es nicht.

[II, 474. Plisch und Plum]

Wie wolltest du dich unterwinden,
Kurzweg die Menschen zu ergründen.
Du kennst sie nur von außenwärts.
Du siehst die Weste, nicht das Herz.

[II, 736. Schein und Sein]

Mein Sohn, du hast allhier auf Erden
Dir vorgenommen, was zu werden,
Sei nicht zu keck;
Voll Ehrfurcht hast du dich zu bücken,
Mußt heucheln, schmeicheln, mußt dich fügen,
Denn selbstverständlich nur durch Lügen
Kommst du vom Fleck.

[II, 576. Zu guter Letzt]

Ach, so denkt er, diese Welt
Hat doch viel, was nicht gefällt.
Rosen, Tanten, Basen, Nelken
Sind genötigt zu verwelken.

[II, 155. Tobias Knopp]

Die Selbstkritik hat viel für sich.
Gesetzt den Fall, ich tadle mich;
So hab' ich erstens den Gewinn,
Daß ich so hübsch bescheiden bin;
Zum zweiten denken sich die Leut,
Der Mann ist lauter Redlichkeit;
Auch schnapp' ich drittens diesen Bissen
Vorweg den andern Kritiküssen;
Und viertens hoff ich außerdem
Auf Widerspruch, der mir genehm.
So kommt es denn zuletzt heraus,
Daß ich ein ganz famoses Haus.

[I, 802. Kritik des Herzens]

Haß als minus und vergebens,
Wird vom Leben abgeschrieben.
Positiv im Buch des Lebens
Steht verzeichnet nur das Lieben.
Ob ein Minus oder Plus
Uns verblieben, zeigt der Schluß.

[II, 769. Schein und Sein]

Fremdes Glück ist ihm zu schwer.
»Recht erfreulich!« murmelt er.
»Aber leider nicht für mich!«

Plötzlich fühlt er einen Stich,
Kriegt vor Neid den Seelenkrampf,
Macht geschwind noch etwas Dampf,
Fällt ins Wasser, daß es zischt,
Und der Lebensdocht erlischt.

[II, 495. Plisch und Plum]

Klatschen heißt anderer Leute Sünde beichten.

[II, 872. Aphorismen]

Denn, leider Gottes, so ist der Schlechte,
Daß er immer was anderes möchte.

[II, 393. Fipps der Affe]

Ach, ich fühl' es! Keine Tugend
Ist so recht nach meinem Sinn;
Stets befind' ich mich am wohlsten,
Wenn ich damit fertig bin.

Dahingegen so ein Laster,
Ja, das macht mir viel Pläsier;
Und ich hab' die hübschen Sachen
Lieber vor als hinter mir.

[I, 821. Kritik des Herzens]

Mein kleinster Fehler ist der Neid.
Aufrichtigkeit, Bescheidenheit,
Dienstfertigkeit und Frömmigkeit,
Obschon es herrlich schöne Gaben,
Die gönn ich allen, die sie haben.

[I, 827. Kritik des Herzens]

Und außerdem und andersweitig:
Liebt man sich etwa gegenseitig?

[II, 1034. Der Nöckergreis]

Wie oft schon sagt' ich: Man hüte sich. –
Was hilft's? Man hört ja nicht auf mich.
Ein jeder Narr tut, was er will.
Na, meinetwegen! Ich schweige still!

[II, 1037. Der Nöckergreis]

Wie ihr seht, meine Lieben, eine Ausrede zugunsten der eigenen Vortrefflichkeit stellt selbst im Traum sich ein!

[II, 411. Eduards Traum]

Wer sich freut, wenn wer betrübt, macht sich meistens unbeliebt.

[II, 483. Plisch und Plum]

Mord und Totschlag

Hans, der soeben in der Stadt
Sein fettes Schwein verwertet hat,
Ging spät nach Haus bei Mondenschein,
Ein Fremder folgt und holt ihn ein.
»Grüß Gott!« rief Hans. »Das trifft sich gut,
Zu zweit verdoppelt sich der Mut.«
Der Fremde denkt: Ha, zapperlot!
Der Kerl hat Geld, den schlag ich tot!
Nur nicht von vorn, daß er es sieht,
Dagegen sträubt sich mein Gemüt.

[II, 590. Zu guter Letzt]

Die kühne Müllerstochter

Es heult der Sturm, die Nacht ist graus,
Die Lampe schimmert im Müllerhaus.
Da schleichen drei Räuber wild und stumm –
Husch, husch, pist, pist! – ums Haus herum.

Die Müllerstochter spinnt allein,
Drei Räuber schauen zum Fenster herein.
Der zweite will Blut, der dritte will Gold,
der erste, der ist dem Mädel hold.

Und als der erste steigt herein
Da hebt das Mädchen den Mühlenstein.
Und – patsch! – der Räuber lebt nicht mehr,
der Mühlstein druckt ihn gar zu sehr.

Doch schon erscheint mordgierig-heiter
Und steigt durchs Loch der Räuber zweiter.
Ha!Hu! – er ist, eh' er's gewollt,
zu Rollenknaster aufgerollt.

Jetzt aber naht mit kühnem Schritte
Voll Goldbegierigkeit der dritte.
Schnapp! – ist der Hals ihm eingeklommen;
Er stirbt, weil ihm die Luft benommen.

So starben die drei ganz unverhofft.
O Jüngling! Da schau her!
So bringt ein einzig Mädchen oft
Drei Männer ins Malheur!!!

[I, 641. Müllerstochter]

*Trauriges Resultat einer
vernachlässigten Erziehung*

Ach, wie oft kommt uns zu Ohren,
Daß ein Mensch was Böses tat,
Was man sehr begreiflich findet,
Wenn man etwas Bildung hat.

Manche Eltern sieht man lesen
In der Zeitung früh bis spät;
Aber was will dies bedeuten,
Wenn man nicht zur Kirche geht!

Denn man braucht nur zu bemerken,
Wie ein solches Ehepaar

Oft sein eignes Kind erziehet.
Ach, das ist ja schauderbar!

Ja, zum Ins-Theater-Gehen,
Ja, zu so was hat man Zeit
Abgesehn von andren Dingen –
Aber wo ist Frömmigkeit?

Zum Exempel die Familie,
Die sich Johann Kolbe schrieb,
Hat es selbst sich zuzuschreiben,
Daß sie nicht lebendig blieb.

Einen Fritz von sieben Jahren
Hatten diese Leute bloß,
Außerdem, obschon vermögend,
Waren sie ganz kinderlos.

Nun wird mancher wohl sich denken,
Fritz wird gut erzogen sein,
Weil ein Privatier sein Vater;
Doch da tönt es leider: Nein!

Alles konnte Fritzchen kriegen,
Wenn er seine Eltern bat,
Äpfel-, Birnen-, Zwetschgenkuchen,
Aber niemals guten Rat.

Das bewies der Schneider Böckel,
Wohnhaft Nr. 5 am Eck;

Kaum daß dieser Herr sich zeigte,
Gleich schrie Fritzchen: »Meck, meck, meck!«

Oftmals, weil ihn dieses kränkte,
Kam er und beklagte sich,
Aber Fritzchens Vater sagte:
Dieses wäre lächerlich.

Wozu aber soll das führen,
Ganz besonders in der Stadt,
Wenn ein Kind von seinen Eltern
Weiter nichts gelernet hat?

So was nimmt kein gutes Ende. –
Fast verging ein ganzes Jahr,
Bis der Zorn in diesem Schneider
Eine schwarze Tat gebar.

Unter Vorwand eines Kuchens
Lockt er Fritzchen in sein Haus,
Und mit einer großen Schere
Bläst er ihm das Leben aus.

In der Küche steht die Mutter,
Wo sie einen Fisch entleibt,
Und sie macht sich große Sorge:
Wo nur Fritzchen heute bleibt?

Als sie nun den Fisch aufschneidet,
Da war Fritz in dessen Bauch –

Tot fiel sie ins Küchenmesser,
»Fritzchen!« war ihr letzter Hauch.

Wie erschrak der arme Vater,
Der grad eine Prise nahm;
Heftig fängt er an zu niesen,
Welches sonst nur selten kam.

Stolpern und durchs Fenster stürzen,
Ach, wie bald ist das geschehn!
Ach! Und Fritzchens alte Tante
Muß auch grad vorübergehn.

Dieser fällt man auf den Nacken,
Knacks! Da haben wir es schon! –
Beiden teuren Anverwandten
Ist die Seele sanft entflohn.

Ja, so geht es bösen Menschen.
Schließlich kriegt man seinen Lohn.
Darum, o ihr lieben Eltern,
Gebt doch acht auf euern Sohn.

[I, 123. Trauriges Resultat]

Die Verwandlung

Die gute Schwester Anna spricht
Zu Bruder Karl: »Ach nasche nicht!«
Doch der will immer weiter lecken.
Da kommt die Mutter mit dem Stecken.

Er läuft bis vor das Hexenhaus,
Da baumelt eine Wurst heraus.
Schwipp! Fängt ihn an der Angel schlau
Die alte böse Hexenfrau.

Dem Karl ist sonderbar zumute,
Die Hexe schwingt die Zauberrute
Und macht durch ihre Hexerein
Aus Karl ein kleines Quiekeschwein.

Schon fängt der Hexe böser Mann
Das Messer scharf zu schleifen an.
Da findet das treue Schwesterlein
Die Wunderblume mit lichten Schein.

Und eben als die Bösen trachten
Das Quiekeschwein sich abzuschlachten,
Da tritt herein das Ännchen. – Das Schwein quiekt
                                        und rennt;
Die Hexe fällt ins Messer, der böse Mann verbrennt.

Und Bruder Karl verliert auch bald
Die traurig-schweinerne Gestalt;
Da ist er froh
Und spricht: »Nie mach' ich's wieder so«.

                            [I, 369. Die Verwandlung]

Der Bauer und der Windmüller

Die Luft ist kühl, es weht der Wind;
Der Bauer zieht zur Mühl' geschwind.
Ei, denkt der brave Bauersmann,
Da bind ich meinen Esel an.

Der böse Müller hat's gesehn
Und läßt sogleich die Mühle gehn.
Den Esel zieht es fort, o Graus!
Der Müller guckt zum Loch heraus.

Am Schwanz hängt sich der Bauer an,
Was ihm jedoch nichts helfen kann.
Denn sieh, die Haare halten nicht –
Bums! Liegt er da, der arme Wicht.

Der Müller aber mit Vergnügen
Sieht in der Luft den Esel fliegen.
Indessen haut dem Bäuerlein
Ein Flügel an das rechte Bein.

Jetzt endlich bleibt die Mühle stehn,
Doch um den Esel ist's geschehn.
Hier siehst du nun auf einem Karrn
Den abgeschiednen heimwärts fahrn.

Und als der Bauer kam nach Haus,
Fuhr seine Frau zur Tür heraus.
Mit einem Besen, groß und lang,
Macht sie dem Bauern angst und bang.

Der Bauer nimmt die Säge
Und wehrt sich ab die Schläge.
Ein Sägezahn trifft ganz genau
Ins Nasenloch der Bauersfrau,

Die Nase blutet fürchterlich,
Der Bauer denkt: Was kümmert's mich!
Zur Mühle geht der Bauersmann
Und fängt zugleich zu sägen an.

Racksknacks! Da bricht die Mühle schon –
Das war des bösen Müllers Lohn.
Der böse Müller aber kroch
Schnell aus dem offnen Mühlenloch.

[I, 165. Der Bauer und der Windmüller]

Der Eispeter

Als Anno 12 das Holz so rar
Und als der kalte Winter war,
Da blieb ein jeder gern zu Haus
Nur Peter muß aufs Eis hinaus.

Da draußen, ja, man glaubt es kaum,
Fiel manche Krähe tot vom Baum.
Der Onkel Förster warnt und spricht:
»Mein Peter, heute geht es nicht!«

Auch ist ein Hase bei den Ohren
Ganz dicht am Wege festgefroren.

Doch Peter denkt: Tralitrala!
Und sitzt auf einem Steine da.

Nun möchte Peter sich erheben;
Die Hose bleibt am Steine kleben,
Der Stoff ist alt, die Lust zu groß;
Der Peter reißt sich wieder los.

Na, richtig! Ja, ich dacht' es doch!
Da fällt er schon ins tiefe Loch.
Mit Hinterlassung seiner Mütze
Steigt Peter wieder aus der Pfütze.

Bald schießt hervor, obschon noch klein,
Ein Zacken Eis am Nasenbein.
Der Zacken wird noch immer besser
Und scharf als wie ein Schlachtermesser.

Der Zacken werden immer mehr,
Der Nasenzacken wird zum Speer.
Und jeder fragt, wer mag das sein?
Das ist ja ein gefrornes Stachelschwein!

Die Eltern sehen nach der Uhr:
»Ach, ach! Wo bleibt der Peter nur?«
Da ruft der Onkel in das Haus:
»Der Schlingel ist aufs Eis hinaus!«

Mit einer Axt und stillem Weh
Sucht man den Peter hier im Schnee.

Schon sieht man mit betrübtem Blick
Ein Teil von Peters Kleidungsstück.

Doch größer war die Trauer da,
Als man den Peter selber sah.
Hier wird der Peter transportiert,
Der Vater weint, die Träne friert.

Behutsam läßt man Peters Glieder
Zu Haus am warmen Ofen nieder.
Juchhe! Die Freudigkeit ist groß;
Das Wasser rinnt, das Eis geht los.

Ach, aber ach! Nun ist's vorbei!
Der ganze Kerl zerrinnt zu Brei.
Hier wird in einen Topf gefüllt
Des Peters traurig Ebenbild.

Jaja! In diesen Topf von Stein,
Da machte man den Peter ein,
Der, nachdem er anfangs hart,
Später weich wie Butter ward.

[I, 449. Der Eispeter]

Mensch und Tier

Trau ja dem Igel nicht, er sticht,
der Iltis ist auf Mord erpicht.

[I, 115. Naturgeschichtliches Alphabet]

Drei Wochen war der Frosch so krank!
Jetzt raucht er wieder, Gott sei Dank!

[I, 145. Die beiden Enten und der Frosch]

Die Maus tut niemand was zuleide,
Der Mops ist alter Damen Freude.

[I, 117. Naturgeschichtliches Alphabet]

Eine Pfeife in dem Munde,
Unterm Arm zwei junge Hunde
Trug der alte Kaspar Schlich. –
Rauchen kann er fürchterlich.
Doch, obschon die Pfeife glüht,
Oh wie kalt ist sein Gemüt! –
»Wozu«, lauten seine Worte,
»Wozu nützt mir diese Sorte?
Macht sie mir vielleicht Pläsier?
Einfach nein! Erwidr' ich mir.
Wenn mir aber was nicht lieb,
Weg damit! ist mein Prinzip.«
An dem Teiche steht er still,
Weil er sie ertränken will.

[II, 443. Plisch und Plum]

Krokodile weinen Tränen,
Geier sehen kreischend zu;
Sehr gemein sind die Hyänen;
Schäbig ist der Marabu.

[II, 325. Fipps der Affe]

Der schwarze Vogel ist gefangen,
Er bleibt im Unterfutter hangen.

»Jetzt hab' ich dich, Hans Huckebein!
Wie wird sich Tante Lotte freu'n!«
Die Tante kommt aus ihrer Tür;
»Ei!« – spricht sie – »Welch ein gutes Tier!«

Kaum ist das Wort dem Mund entflohn.
Schnapp! Hat er ihren Finger schon.
»Ach!« – ruft sie – »Er ist doch nicht gut!
Weil er mir was zuleide tut!«

[I, 649. Hans Huckebein]

Jetzt aber naht sich das Malheur,
Denn dies Getränke ist Likör.
Es duftet süß. – Hans Huckebein
Taucht seinen Schnabel froh hinein.

Und läßt mit stillvergnügtem Sinnen
Den ersten Schluck hinunterrinnen.
Nicht übel! – und er tauchet schon wieder
Den Schnabel in die Tiefe nieder.

Er hebt das Glas und schlürft den Rest,
Weil er nicht gern was übrigläßt.
Ei ei! Ihm wird so wunderlich,
So leicht und doch absunderlich.

Er krächzt mit freudigem Getön
Und muß auf einem Beine stehn.
Der Vogel, welcher sonsten fleugt,
Wird hier zu einem Tier, was kreucht.

Und Übermut kommt zum Beschluß,
Der alles ruinieren muß.
Er zerrt voll roher Lust und Tücke
Der Tante künstliches Gestricke.

Der Tisch ist glatt, der Böse taumelt –
Das Ende naht – sieh da! Er baumelt!
»Die Bosheit war sein Hauptpläsier,
Drum« – spricht die Tante – »hängt er hier!«

[I, 659. Hans Huckebein]

Voller Freude und mit wahrem
Eifer sah ich diesen Zwist,
Während jedes Huhn im Harem
Höchst gelassen weiterfrißt.
Solch ein Weibervolk mit Flügeln
Meint, wenn Gockel früh und spät
Seinetwegen sich verprügeln,
Daß sich das von selbst versteht.

[II, 601. Zu guter Letzt]

Du gehst zu Bett um zehne,
Du hast zu schlafen vor,
Dann hörst du jene Töne
Ganz dicht an deinem Ohr.
Drückst du auch in die Kissen
Dein wertes Angesicht,
Dich wird zu finden wissen
Der Rüssel, welcher sticht.

[II, 586. Zu guter Letzt]

Da holt er aus mit voller Kraft;
Die Fliege wird dahingerafft.
Und fröhlich sieht er das Insekt
Am Boden leblos ausgestreckt.
Erquicklich ist die Mittagsruh
Nur kommt man oftmals nicht dazu.

[I, 151. Die Fliege]

Im Wipfel saß ein liebendes Taubenpärchen. Oben, hoch drüber, kreiste spähend ein Habicht. »Nurdu, nurdu!« girrt zärtlich der Tauberich. »Hihi!« kreischt der Habicht und hat ihn.

[II, 413. Eduards Traum]

Es sitzt ein Vogel auf dem Leim,
Er flattert sehr und kann nicht heim.
Ein schwarzer Kater schleicht herzu,
Die Krallen scharf, die Augen gluh.
Am Baum hinauf und immer höher
Kommt er dem armen Vogel näher.
Der Vogel denkt: Weil das so ist
Und weil mich doch der Kater frißt,

So will ich keine Zeit verlieren,
Will noch ein wenig quinquilieren
Und lustig pfeifen wie zuvor.
Der Vogel, scheint mir, hat Humor.

[I, 801. Kritik des Herzens]

Sie war ein Blümlein hübsch und fein,
Hell aufgeblüht im Sonnenschein.
Er war ein junger Schmetterling,
Der selig an der Blume hing.
Oft kam ein Bienlein mit Gebrumm
Und nascht' und säuselt' da herum.
Oft kroch ein Käfer kribbelkrab
Am hübschen Blümlein auf und ab,
Ach Gott, wie das dem Schmetterling
So schmerzlich durch die Seele ging.
Doch was am meisten ihn entsetzt,
Das Allerschlimmste kam zuletzt.
Ein alter Esel fraß die ganze
Von ihm so heißgeliebte Pflanze.

[I, 830. Kritik des Herzens]

Nichts gehet doch über die hohe Weisheit der Mutter Natur. – Auch erschuf sie die Tiere, erfreulich, harmlos und nutzbar; hüllte sie außen in Häute, woraus man Stiefel verfertigt, füllte sie innen mit Fleisch von sehr beträchtlichem Nährwert; aber erst ganz zuletzt, damit er es dankend benutze, schuf sie des Menschen Gestalt und verlieh ihm die Öffnung des Mundes. Aufrecht stehet er da und alles erträgt er mit Würde.

[II, 382. Fipps der Affe]

Schau! Bienenlieschen in der Frühe
Bringt Staub und Kehricht vor die Tür;
Ja! Reinlichkeit macht viele Mühe,
Doch später macht sie auch Pläsier.

[I, 502. Schnurrdiburr]

Lene hat zu diesem Zwecke
Zwei Kanari in der Hecke,
Welche Niep und Piep genannt.
Zierlich fraßen aus der Hand

Diese goldignetten Mätzchen;
Aber Mienzi hieß das Kätzchen.
Einstens kam auch auf Besuch
Kater Munzel, frech und klug.

Alsobald so ist man einig. –
Festentschlossen, still und schleunig
Ziehen sie voll Mörderdrang
Niep und Piep die Hälse lang.

[I, 592. Die fromme Helene]

Es ist das Osterfest alljährlich
Doch für den Hasen recht beschwerlich.

[II, 681. Hernach]

Wenn das Rhinozeros, das schlimme,
Dich kriegen will in seinem Grimme,
Dann steig auf einen Baum beizeiten,
Sonst hast du Unannehmlichkeiten.

[II, 720. Hernach]

Nein so was! Ein altes verständiges Schwein,
Und fällt kopfüber ins Faß hinein!!

[II, 706. Hernach]

Melodisch singen Katz und Kater
Ihr zärtlich Lied des Abends spät.
Den Stock ergreift des Hauses Vater,
Die Mutter nimmt das Waschgerät.
Die sanften Liebestöne schwiegen;
Es zischt und kracht im Treppenhaus.
Der Vater purzelt von den Stiegen,
Die Mutter gießt die Schale aus.

[II, 732. Hernach]

Miezel, eine schlaue Katze,
Molly, ein begabter Hund,
Wohnhaft an demselben Platze,
Haßten sich aus Herzensgrund.

Schon der Ausdruck ihrer Mienen
Bei gesträubter Haarfrisur
Zeigt es deutlich: Zwischen ihnen
Ist von Liebe keine Spur.

Doch wenn Miezel in dem Baume,
Wo sie meistens hin entwich,
Friedlich dasitzt wie im Traume,
Dann ist Molly außer sich.

Beide lebten in der Scheune,
Die gefüllt mit frischem Heu.

Alle beide hatten Kleine,
Molly zwei und Miezel drei.

Einst zur Jagd ging Miezel wieder
Auf das Feld. Da geht es bumm.
Der Herr Förster schoß sie nieder.
Ihre Lebenszeit ist um.

Oh, wie jämmerlich miauen
Die drei Kinderchen daheim.
Molly eilt, sie zu beschauen,
Und ihr Herz geht aus dem Leim.

Und sie trägt sie kurz entschlossen
Zu der eignen Lagerstatt,
Wo sie nunmehr fünf Genossen
An der Brust zu Gaste hat.

Mensch mit traurigem Gesichte,
Sprich nicht nur von Leid und Streit.
Selbst in Brehms Naturgeschichte
Findet sich Barmherzigkeit.

[II, 596. Zu guter Letzt]

Dem Esel, störrisch im Geschäfte,
Verleiht der Knittel neue Kräfte.

[II, 714. Hernach]

Frau Urschel teilte Freud und Leid
Mit ihrer lieben Kuh,
Sie lebten in Herzinnigkeit
Ganz wie auf du und du.

[II, 610. Zu guter Letzt]

Stadt und Land

Das Dörflein ruht im Mondenschimmer,
Die Bauern schnarchen fest wie immer.
Es ruhn die Ochsen und die Stuten,
Und nur der Wächter muß noch tuten.

[II, 535. Balduin Bählamm]

Verlaß die Stadt und geh aufs Land!
Wo Biederkeit noch nicht veraltet,
Wo Ruhe herrscht und Friede waltet!

[II, 509. Balduin Bählamm]

Je kleiner die Leute, je größer das Pläsier.

[II, 405. Eduards Traum]

Wie der Wind in Trauerweiden
Tönt des frommen Sängers Lied,
Wenn er auf die Lasterfreuden
In den großen Städten sieht.

[I, 559. Die fromme Helene]

Vor einem geschmackvollen Rokokohause entstand ein wehmütig klagendes Volksgetümmel. Meist Witwen und Waisen. Bankiersfirma. Geschäft geschlossen. Besitzer gestern begraben. Passiva bedeutend.

[II, 422. Eduards Traum]

Wie lieb erscheint, wie freundlich winkt
Dem Dichter, der noch etwas hinkt,
Des Dörfleins anspruchsloses Bild,
In schlichten Sommerstaub gehüllt.

Dort mit dem kurzen Schmurgelpfeifchen,
Auf seinem trauten Düngerhäufchen
Steht Krischan Bopp und füllt die Luft
Mit seines Krautes Schmeichelduft.

Er blickt nach Rieke Mistelfink,
Ein Mädel sauber, stramm und flink.
Sie reinigt grad den Ziegenstall;
Und Friede waltet überall.

Sofort im ländlichen Logis
Geht Bählamm an die Poesie.
Er schwelgt im Sonnenuntergang.
Er lauscht dem Herdenglockenklang,

Und ahnungsfroh empfindet er's:
Glück auf! Jetzt kommt der erste Vers!
Klirrbatsch! Da liegt der Blumentopf.
Es zeigt sich ein gehörnter Kopf,

Das Maulwerk auf, die Augen zu,
Und blärrt posaunenhaft: »Ramuh!«

[II, 514. Balduin Bählamm]

Einige unbenannte Ackerbürger vor dem Tore bearbeiteten schon zu so früher Stunde ihr Einmaleins. Diese Leutchen vermehren sich schlecht und recht, und wenn sie auch nicht viel hinter sich bringen, so wollen sie auch nicht hoch hinaus.

Mehr schon auf Rang und Stand geben die städtischen Beamten. Man sprach viel über eine gewisse Null, die schon manchem redlichen Kerl im Wege gestanden, und wenn einer befördert würde, sagten sie, der's nicht verdient hätte, dann steckte, so gewiß, wie zwei mal zwei vier ist, die alte intrigante Null dahinter.

[II, 405. Eduards Traum]

Ach, die sittenlose Presse!
Tut sie nicht in früher Stund
All die sündlichen Exzesse
Schon den Bürgersleuten kund?!
Offenbach ist im Thalia,
Hier sind Bälle, da Konzerts.
Annchen, Hannchen und Maria
Hüpft vor Freuden schon das Herz.
Kaum trank man die letzte Tasse,
Putzt man schon den irdschen Leib.
Auf dem Walle, auf der Gasse
Wimmelt man zum Zeitvertreib.

[I, 559. Die fromme Helene]

Im Villenviertel hausen die Vornehmen, die ihren Stammbaum bis in die ältesten Abc-Bücher verfolgen können.

[II, 405. Eduards Traum]

Nämlich die Bewohner dieses unwesentlichen Landes sind hohl. Es scheint Sonne und Mond hindurch, und wer hinter ihnen steht, der kann ihnen mit Leichtigkeit die Knöpfe vorn an der Weste zählen. Einer durchschaut den andern; und doch reden diese Leute, die sich durch und durch kennen, die nicht so viel Eingeweide haben wie ein ausgepustetes Sperlingsei, von dem edlen Drange ihres Inneren und sagen sich darüber die schönsten Flattusen.

[II, 410. Eduards Traum]

Ein Bauer treibt in guter Ruh
Sein fettes Schwein der Heimat zu.
Bei einem Wirte kehrt er ein
Und kauft sich einen Branntewein.

Da zieht das Schwein, der Bauer fällt,
Weil er sich auf das Seil gestellt.
Des Wirtes Nachbar und sein Sohn,
Die warten auf die Knödel schon.

Auf einmal kommt herein die Sau
Und stößt die gute Nachbarsfrau.
Sie stößt, mit schrecklichem Gebrumm,
Das Kind, den Tisch und Nachbar um.

[I, 214. Der Bauer und sein Schwein]

Ein Bauer traut dem andern nicht.
Ein jeder sucht sich einen Knittel,
Ein jeder polstert seinen Kittel,
Um bei dem nächsten Tanzvergnügen
Gewappnet zu sein und obzusiegen,

Anstatt bei Geigen- und Flötenton,
Ein jeder mit seiner geliebten Person,
Fein sittsam im Kreise herumzuschweben.
Aber nein! Es muß halt Keile geben.

[II, 1034. Der Nöckergreis]

Begabung und Beruf

Wir mögen keinem gerne gönnen,
Daß er was kann, was wir nicht können.

[II, 875. Aphorismen]

Wie wohl ist dem, der dann und wann
Sich etwas Schönes dichten kann!

[II, 497. Balduin Bählamm]

Musik ist angenehm zu hören,
Doch ewig braucht sie nicht zu währen.

[II, 867. Aphorismen]

Ein hoffnungsvoller junger Mann
Gewöhnt sich leicht das Malen an!

[II, 45. Der heilige Antonius]

Mit Recht erscheint uns das Klavier,
Wenn's schön poliert, als Zimmerzier.
Ob's außerdem Genuß verschafft,
Bleibt hin und wieder zweifelhaft.

[II, 378. Fipps der Affe]

Oft wird es einem sehr verdacht,
Wenn er Geräusch nach Noten macht.
Der Künstler fühlt sich stets gekränkt,
Wenn's anders kommt, als wie man denkt.

[II, 381. Fipps der Affe]

Ein Konzert von Dilettanten,
Stimmt auch grad nicht jeder Ton
Wie bei rechten Musikanten,
Ihnen selbst gefällt es schon.

[II, 679. Hernach]

Musik wird oft nicht schön gefunden,
Weil sie mit Geräusch verbunden.

[I, 729. Der Maulwurf]

Ich bin daher, statt des Gewinsels,
Mehr für die stille Welt des Pinsels.

[II, 618. Maler Klecksel]

Gerne wollt ihr Gutes gönnen
Unserm Goethe, unserm Schiller,
Nur nicht Meier oder Müller,
Die noch selber lieben können.

Denn durch eure Männerleiber
Geht ein Konkurrenzgetriebe;
Sei es Ehre, sei es Liebe;
Doch dahinter stecken Weiber.

[I, 828. Kritik des Herzens]

Die erste Pflicht der Musensöhne
Ist, daß man sich ans Bier gewöhne.

[II, 112. Jobsiade]

Müdigkeit, hatte ich bisher immer geglaubt, gäb's für mich nicht. Nun aber sollt' ich so recht erfahren, welch unwiderstehlich wohltätige Wirkungen eine gute Musik hat. Schon nach fünf Minuten war ich in einen richtigen rücksichtslosen Schlummer versunken.

[II, 418. Eduards Traum]

Ein fettes Huhn legt wenig Eier.
Ganz ähnlich geht's dem Dichter Meier,
Der auch nicht viel mehr dichten kann,
Seit er das Große Los gewann.

[II, 610. Zu guter Letzt]

Ein Maler und ein Musikus,
So Wand an Wand, das gibt Verdruß.
Besonders wird das Saitenspiel
Dem Nebenmenschen oft zuviel.

[I, 344. Die feindlichen Nachbarn]

Es ist die Länge der Gesänge
Zu lang für meines Ohres Länge.

[II, 867. Aphorismen]

Oft trifft man wen, der Bilder malt,
Viel seltener wen, der sie bezahlt.

[II, 867. Aphorismen]

Gar oft erfreut das Fräulein sich
An Kunos kühnem Kohlenstrich,
Obgleich ihr eigentlich nicht klar,
Wie auch dem Künstler, was es war.

[II, 664. Maler Klecksel]

Gedanken sind nicht stets parat,
Man schreibt auch, wenn man keine hat.

[II, 867. Aphorismen]

Ein Mensch, der etwas auf sich hält,
Bewegt sich gern in feiner Welt,
Denn erst in weltgewandten Kreisen
Lernt man die rechten Redeweisen.

[II, 603. Zu guter Letzt]

Ein Buch ist ja keine Drehorgel, womit uns der Invalide unter dem Fenster unerbittlich die Ohren zermartert. Ein Buch ist sogar noch zurückhaltender als das doch immerhin mit einer gewissen offenen Begehrlichkeit von der Wand herabschauende Bildnis. Ein Buch, wenn es so zugeklappt daliegt, ist ein gebundenes, schlafendes, harmloses Tierchen, welches keinem was zuleide tut. Wer es nicht aufweckt, den gähnt es nicht an; wer ihm die Nase nicht grad zwischen die Kiefer steckt, den beißt's auch nicht.

[II, 441. Eduards Traum]

Doch guter Menschen Hauptbestreben
Ist, andern auch was abzugeben.
Der Dichter, dem sein Fabrikat
Soviel Genuß bereitet hat,
Er sehnt sich sehr, er kann nicht ruhn,
Auch andern damit wohlzutun.

[II, 498. Balduin Bählamm]

Der Ruhm, wie alle Schwindelware,
Hält selten über tausend Jahre.
Zumeist vergeht schon etwas eh'r
Die Haltbarkeit und die Kulör.

[II, 592. Zu guter Letzt]

Denn geschafft muß werden und selbst der Taschendieb
geht täglich auf Arbeit aus.

[II, 17. Von mir über mich]

Darum, o Jüngling, fasse Mut;
Setz auf den hohen Künstlerhut
Und wirf dich auf die Malerei;
Vielleicht verdienst du was dabei.

[II, 619. Maler Klecksel]

Ein Barbier, der mit wenig Seife viel Schaum schlagen konnte, war kürzlich unter die Literaten gegangen. Er hatte großen Erfolg, wie ich hörte, trug bereits drei Brillantringe an jedem Finger ...

[II, 412. Eduards Traum]

Fern liegt es mir, den Freund zu rügen,
Dem Tee zu kriegen ein Vergnügen
Und im Salon mit geistverwandten,
Ästhetisch durchgeglühten Tanten
Durch Reden bald und bald durch Lauschen
Die Seelen säuselnd auszutauschen.

[II, 617. Maler Klecksel]

Früher, da ich unerfahren
Und bescheidner war als heute,
Hatten meine höchste Achtung
Andre Leute.

Später traf ich auf der Weide
Außer mir noch mehre Kälber,
Und nun schätz' ich, sozusagen,
Erst mich selber.

[I, 816. Kritik des Herzens]

Genußreich ist der Nachmittag,
Den ich inmitten schöner Dinge
Im lieben Kunstverein verbringe;
Natürlich meistenteils mit Damen.

Mit scharfem Blick, nach Kennerweise,
Seh' ich zunächst mal nach dem Preise,
Und bei genauerer Betrachtung
Steigt mit dem Preise auch die Achtung.

[II, 618. Maler Klecksel]

Der Architekt ist hochverehrlich
(obschon die Kosten oft beschwerlich).
Der Plastiker, der uns ergötzt,
Weil er die großen Männer setzt,
Grauschwärzlich, grünlich oder weißlich,
Schon darum ist er löb- und preislich,
Daß jeder, der z. B. fremd
Soeben erst vom Bahnhof kömmt,
In der ihm unbekannten Stadt
Gleich den bekannten Schiller hat.

Doch größern Ruhm wird der verdienen,
Der Farben kauft und malt mit ihnen.

[II, 619. Maler Klecksel]

Gestern war in meiner Mütze
Mir mal wieder was nicht recht;
Die Natur schien mir nichts nütze
Und der Mensch erbärmlich schlecht.

Meine Ehgemahlin hab' ich
Ganz gehörig angeblärrt,
Drauf aus purem Zorn begab ich
Mich ins Symphoniekonzert.

Doch auch dies war nicht so labend,
Wie ich eigentlich gedacht,
Weil man da den ganzen Abend
Wieder mal Musik gemacht.

[I, 829. Kritik des Herzens]

Leicht kommt man an das Bildermalen,
Doch schwer an Leute, die's bezahlen.
Statt Ihrer ist, als ein Ersatz,
Der Kritikus sofort am Platz.

[II, 649. Maler Klecksel]

Ich blicke durch die hohle Hand,
Ich blinzle, nicke: »Ah, scharmant!
Das Kolorit, die Pinselführung,
Die Farbentöne, die Gruppierung,
Dies Lüster, diese Harmonie,

Ein Meisterwerk der Phantasie.
Ach, bitte, sehn Sie nur, Komteß!«
Und die Komteß, sich unterdes
Im duftigen Batiste schneuzend,
Erwidert schwärmrisch: »Oh, wie reizend!«

[II, 618. Maler Klecksel]

Weh, wer ohne rechte Mittel
Sich der Poesie vermählt!
Täglich dünner wird der Kittel,
Und die Milch im Hause fehlt.
Ängstlich schwitzend muß er sitzen,
Fort ist seine Seelenruh,
Und vergeblich an den Zitzen
Zupft er seine magre Kuh.

[II, 749. Schein und Sein]

Wer leben will, der muß was tun.
Denn wer kein Geld sein eigen nennt
Und hat zum Betteln kein Talent
Und hält zum Stehlen sich zu fein
Und mag auch nicht im Kloster sein,
Der ist fürwahr nicht zu beneiden.

[II, 741. Schein und Sein]

Oft ist das Denken schwer, indes,
Das Schreiben geht auch ohne es.

[II, 867. Aphorismen]

Er ist ein Dichter; also eitel.

[II, 749. Schein und Sein]

Kirche und Glaube

Ach, wie ist der Mensch so sündig!

[I, 626. Die fromme Helene]

Viele Madams, die ohne Sorgen,
In Sicherheit und wohlgeborgen,
Die denken: Pa! Es hat noch Zeit! –
Und bleiben ohne Frömmigkeit.

[I, 608. Die fromme Helene]

Wer kommt denn über jenen Bach?
Das ist das Fräulein von der Ach,
Vermögend zwar, doch etwas ältlich,
Halb geistlich schon und halb noch weltlich,
Lustwandelt sie mit Seelenruh
Und ihrem Spitz dem Kloster zu.

[II, 657. Maler Klecksel]

Wer in Glaubenssachen den Verstand befragt, kriegt unchristliche Antworten.

[II, 882. Aphorismen]

Hält denn nicht, o Sünd und Schand,
Weltlicher Arm die geistliche Hand,
Daß man also frech und frei
Greife den Beutel der Klerisei?!

[II, 34. Der heilige Antonius]

Gott zieht an einer Hand, der Teufel an beiden Beinen.

[II, 882. Aphorismen]

So sind wir Menschen. Wir singen und beten in aller Gemütlichkeit. Geht aber mal was quer, dann zeigt sich's, wie erbärmlich wenig Gottvertrauen wir haben.

[II, 883. Aphorismen]

Wer vielleicht zur guten Tat
Keine rechte Neigung hat,
Dem wird Fasten und Kastein
Immerhin erfrischend sein.

[II, 358. Fipps der Affe]

Ja selig ist der fromme Christ,
Wenn er nur gut bei Kasse ist.

[I, 907. Der Geburtstag]

Recht nützlich ist die Malerei,
Wenn etwas Heiligkeit dabei.

[II, 54. Der heilige Antonius]

Ach ja, ja! – so seufz' ich immer –;
Denn die Zeit wird schlimm und schlimmer.
Oder kann in unsern Tagen
Einer wagen, nein! zu sagen,

Der mit kindlichem Gemüt
Morgens in die Zeitung sieht?
Hier Romane, dort Gedichte,
Malzextrakt und Kursberichte,

Näh- und Mäh- und Waschmaschinen,
Klauenseuche und Trichinen – –
Dieses druckt man groß und breit –
Aber wo ist Frömmigkeit???

                        [II, 34. Der heilige Antonius]

Wehe! Selbst im guten Öster-
Reiche tadelt man die Klöster –
Und so weiter und so weiter –
Doch das Ende ist nicht heiter!

Ja, es ist abscheulich, greulich!
Aber siehe! wie erfreulich
Ist's dagegen, wenn wir lesen,
Wie man sonsten fromm gewesen;

Wie z. B. Sankt Anton,
Unsrer Kirche großer Sohn,
Litt und stritt und triumphierte –
Kurz! ein christlich Leben führte.

                        [II, 34. Der heilige Antonius]

Ein Kloster lag nicht weit von hinnen,
Besetzt mit Karmeliterinnen,
Und war als Kustorin allda
Die fromme Jungfrau Laurentia. –

Bescheiden, still und glaubensfroh,
Hat sie der gute Antonio,
Den alles Gute stets ergötzt,
Schon längst von Herzen hochgeschätzt.

Natürlich im Allgemeinen und überhaupt,
Wie's unsere heilige Kirche erlaubt.

[II, 48. Der heilige Antonius]

Ach! das war auch einer von denen!
Rechts und links begrüßt er die ländlichen Schönen,
Faßt sie beim Kinn, anmutig-milde,
Schenkt ihnen gar schöne Heiligenbilde,
Und macht auch wohl so hin und wieder
Dominus vobiscum! über die Mieder.

[II, 56. Der heilige Antonius]

Es wohnte zu Padua ein Weib,
Bös von Seele, gut von Leib,
Genannt die schöne Monika –
Als die den frommen Pater sah,

Verspürte sie ein groß Verlangen,
Auch ihn in ihre Netze zu fangen.
»Geht, rufet mir den heiligen Mann«, –
So sprach sie – »daß ich beichten kann!«

»Ja, liebster, bester Antonio!
Ich liebe dich rasend, gerade so!!!«

Da sprach Antonius mit barschem Ton:
»Verruchtes Weib! Jetzt merk' ich's schon!«
Kehrt würdevoll sich um – und klapp!! –
Die Türe zu – geht er treppab.

Da sprach die schöne Monika,
Die dieses mit Erstaunen sah:
»Ich kenne doch so manchen Frommen,
So was ist mir nicht vorgekommen!!«

[II, 73. Der heilige Antonius]

Wennschon der Mensch, eh' er was wird,
Zuweilen strauchelt oder irrt,
Wennschon die Heiligen vor allen
Mitunter in Versuchung fallen –
So gilt doch dies Gesetz auf Erden:
Wer mal so ist, muß auch so werden!

[II, 36. Der heilige Antonius]

Gesegnet sind die Frommen! Ihnen
Muß jedes Ding zum Besten dienen!

[II, 38. Der heilige Antonius]

In allen Kirchen nah und fern
Ging er zur Beichte oft und gern,
Und gab der Beichte Zettel willig
An andre Knaben – aber billig.

[II, 39. Der heilige Antonius]

Ach, wie geht's dem heil'gen Vater!
Groß und schwer sind seine Lasten,
Drum, o Joseph, trag den Gulden
In Sankt Peters Sammelkasten.

[I, 812. Kritik des Herzens]

Man sieht, daß selbst der frömmste Mann
Nicht allen Leuten gefallen kann.

[I, 812. Kritik des Herzens]

Bekanntlich möchte in dieser Welt
Jeder gern haben, was ihm gefällt.
Gelingt es dann mal dem wirklich Frommen,
an die gute Gabe dranzukommen,
Um die er dringend früh und spat
Aus tiefster Seele inniglich bat,
Gleich steht er da, seufzt, hustet und spricht:
»Ach, Herr, nun ist es ja doch so nicht!«

[II, 236. Tobias Knopp]

Zur Schenke lenkt mit Wohlbehagen
Er jeden Abend seinen Schritt
Und bleibt, bis daß die Lerchen schlagen.
Er singt die letzte Strophe mit.

Dagegen ist es zu beklagen,
Daß er die Kirche nie betritt.
Hier, leider, kann man niemals sagen:
»Er singt die letzte Strophe mit.«

[II, 740. Schein und Sein]

Wie schad, daß ich kein Pfaffe bin,
Das wäre so mein Fach.
Ich bummelte durchs Leben hin
Und dächt' nicht weiter nach.

Mich plagte nicht des Grübelns Qual,
Der dumme Seelenzwist,
Ich wüßte ein für allemal,
Was an der Sache ist.

Und weil mich denn kein Teufel stört,
So schlief' ich recht gesund,
Wär' wohlgenährt und hochverehrt
Und würde kugelrund.

Käm' dann die böse Fastenzeit,
So wär' ich fest dabei,
bis ich mich elend abkasteit
Mit Lachs und Hühnerei.

Und dich, du süßes Mägdelein,
Das gern zur Beichte geht,
Dich nähm' ich dann so ganz allein
Gehörig ins Gebet.

[I, 829. Kritik des Herzens]

O heiliger Antonius von Padua,
Bitte führ mich und bleibe mir nah!
Und laß mich doch auf dieser Erden
Auch so ein frommer Heil'ger werden! –
O heiliger Antonius von Padua, du kennst mich ja!

[II, 97. Der heilige Antonius]

Ach, man will auch hier schon wieder
Nicht so wie die Geistlichkeit!!

[I, 690. Pater Filuzius]

Alter und Tod

Eins, zwei, drei! Im Sauseschritt
Läuft die Zeit; wir laufen mit.

[II, 277. Tobias Knopp]

Kalte Füße sind lästig, besonders die eigenen.

[II, 870. Aphorismen]

Doktor aus dem Fenster: »Noch kein Ostwind, noch immer keine Lungenentzündung?«

[II, 870. Aphorismen]

Viel besser als ein guter Wille
Wirkt manchmal eine gute Pille.

[II, 870. Aphorismen]

Kein altes Übel ist so groß, daß es nicht von einem neuen übertroffen werden könnte.

[II, 876. Aphorismen]

Die Schönheit dieser Welt verschwindet,
Und nur der Schmerz zieht, bohrt und mündet
In diesem einen Knotenpunkt.

[II, 344. Fipps der Affe]

In Sommerbäder reist jetzt ein jeder und lebt famos.
Der arme Dokter, zu Hause hockt er patientenlos.

[II, 751. Schein und Sein]

Also hat es dir gefallen
Hier in dieser schönen Welt;
So daß das Vondannenwallen
Dir nicht sonderlich gefällt.

Laß dich das doch nicht verdrießen.
Wenn du wirklich willst und meinst,
Wirst du wieder aufersprießen;
Nur nicht ganz genau wie einst.

Aber, Alter, das bedenke,
Daß es hier doch manches gibt,
Zum Exempel Gicht und Ränke,
Was im ganzen unbeliebt.

[I, 825. Kritik des Herzens]

Kein Leugnen gilt, kein Widerstreben,
Wir müssen sterben, weil wir leben.
So lautet der Gerichtsbeschluß.

[II, 879. Aphorismen]

Sag, wie wär' es, alter Schragen,
Wenn du mal die Brille putztest,
Um ein wenig nachzuschlagen,
Wie du deine Zeit benutztest.

Demnach hast du dich vergebens
Meistenteils herumgetrieben;
Denn die Summe unsres Lebens
Sind die Stunden, wo wir lieben.

[I, 750. Summa summarum]

Je älter man wird, je hastiger tritt sie einem auf die Hakken, die Zeit, die sogenannte.

[II, 880. Aphorismen]

»Hör auf«, entgegnet frech die Jugend,
»Du altes Jammerinstrument!
Man merkt es gleich, du bist die Tugend,
Die keinem sein Vergnügen gönnt.«

[II, 591. Zu guter Letzt]

Das Leben wird schließlich mit dem Tode bestraft.

[II, 881. Aphorismen]

Alte Bäume behämmert der Specht am meisten.

[II, 880. Aphorismen]

Scheint dir auch mal das Leben rauh,
Sei still und zage nicht;
Die Zeit, die alte Bügelfrau,
Macht alles wieder schlicht.

[II, 881. Aphorismen]

So ist nun mal die Zeit allhie,
Erst trägt sie dich,
Dann trägst du sie;
Und wann's vorüber,
Weißt du nie.

[II, 687. Hernach]

Die freundliche Bauersfrau lockte die Schnabeltiere in den Küchenraum und hackte ihnen die Köpfe ab. Sie hackte sich aber auch, weil sie natürlich mal wieder zu hastig war, in den Zeigefinger. Das Beil war rostig. Der Finger verdickte sich. Schon zeigten sich alle Symptome einer geschwollenen Blutwurst. Der Doktor kam. Er wußte Bescheid. Erst schnitt er ihr den Finger ab, aber es half nicht; dann ging er höher und schnitt ihr den Ärmel ab, aber es half nicht; dann schnitt er ihr den Kopf ab und im Umsehen war sie tot.

Der Bauer war untröstlich, denn das Honorar betrug 53 Mark 75 Pfennig. Der Doktor steckte das Honorar in sein braunledernes Portemonnaie; der Bauer schluchzte. Der Doktor steckte sein braunledernes Portemonnaie in die Hosentasche; der Bauer sank auf einen geflochtenen Rohrstuhl und starrte seelenlos in die verödete Welt hinaus.

[II, 414. Eduards Traum]

So sind wir nun: kriechen heraus, hantieren hier oben eine Zeitlang scheinbar selbständig hin und her und legen uns dann ganz still wieder unter die Kruste.

[II, 881. Aphorismen]

Da liegt der schwarze Bösewicht
Und wühlte gern und kann doch nicht;
Denn hinderlich, wie überall,
Ist hier der eigne Todesfall.

[I, 731. Der Maulwurf]

»Hinweg mit diesen alten Herren,
Sie sind zu nichts mehr nütz!«
So rufen sie und nähmen gern
Das Erbe in Besitz.

Wie andre Erben, die in Not,
Vergeblich warten sie.
Der alte reiche Hoffetot,
Der stirbt bekanntlich nie.

[II, 743. Schein und Sein]

Es ist noch die gute alte Zeit, wo man den kranken Handwerksburschen über die Dorfgrenze schiebt und sanft in den Chausseegraben legt, damit er ungeniert sterben kann; obwohl der unbemittelte Tote immerhin noch einen positiven Wert hat, unter anderm für den Fuhrmann, der ihn zur Anatomie bringt.

[II, 28. Von mir über mich]

Wer eine Erbschaft übernommen,
Hat für die Schulden aufzukommen,
Denn nicht umsonst ist der Genuß.

[II, 879. Aphorismen]

Wenn man auch als gescheiter Kerl stirbt, man weiß nie, ob man nicht als Trottel wiederauflebt.

[I, 987. Der Schmetterling]

Die Schwarzwälder Uhr hakte aus, um fünf zu schlagen. »Gleich wird Bäcker Pretzel kommen!« bemerkte die Wirtin. »Seit nun bereits fünfzig Jahren, präzis um Schlag fünf, setzt er sich hier auf seinen Platz und trinkt regelmäßig seine fünf Schnäpse.«

Die Uhr schlug fünf. Es faßte wer draußen auf die Türklinke. »Hurra!« hieß es. »Da kommt Pretzel. Jetzt wird's lustig!« Die Tür ging auf. Ein Bäckerjunge trat ein und teilte mit, daß der alte Pretzel soeben gestorben sei.

Auf einen Augenblick des Schweigens folgte ein allgemeines Gelächter.

[I, 986. Der Schmetterling]

Fing man vorzeiten einen Dieb,
Hing man ihn auf im Schnellbetrieb,
Und meinte man, er sei verschieden,
Ging man nach Haus und war zufrieden.

[II, 581. Zu guter Letzt]

»Ah! Was hat unsere selige Frau Amtmann für eine prachtvolle Kommode!« Wohnungsumzüge und Leichenzüge hält er für die zwei unterhaltlichsten Schaustellungen dieser Welt; und eine gewisse Ähnlichkeit zwischen beiden läßt sich auch nicht ableugnen, obwohl der ruhige Erfolg vielleicht mehr auf Seiten der letzteren ist.

[II, 419. Eduards Traum]

Der heilige Antonius – so wird berichtet –
Hat endlich ganz auf die Welt verzichtet;
Ist tief, tief hinten im Wald gesessen,
Hat Tau getrunken und Moos gegessen,

Und sitzt und sitzt an diesem Ort
Und betet, bis er schier verdorrt,

Und ihm zuletzt das wilde Kraut
Aus Nase und aus Ohren schaut.

Er sprach: »Von hier will ich nicht weichen,
Es käm' mir denn ein glaubhaft Zeichen!«
Und siehe da! Aus Waldes Mitten
Ein Wildschwein kommt dahergeschritten,

Das wühlet emsig an der Stelle
Ein Brünnlein auf, gar rein und helle.
Und wühlt mit Schnauben und mit Schnüffeln
Dazu hervor ein Häuflein Trüffeln. –

Der heilige Antonius, voll Preis und Dank,
Setzte sich nieder, aß und trank
Und sprach gerührt: »Du gutes Schwein,
Du sollst nun ewig bei mir sein!«

So lebten die zwei in Einigkeit
Hienieden auf Erden noch lange Zeit,
Und starben endlich und starben zugleich,
Und fuhren zusammen vors Himmelreich. –

»Au weih geschrien! Ein Schwein, ein Schwein!«
So huben die Juden an zu schrein.
Und auch die Türken kamen in Scharen
Und wollten sich gegen das Schwein verwahren. –

Doch siehe! – Aus des Himmels Tor
Tritt unsre liebe Frau hervor.

Den blauen Mantel hält die Linke,
Die Rechte sieht man sanft erhoben

Halb drohend, halb zum Gnadenwinke;
So steht sie da, von Glanz umwoben.
»Willkommen! Gehet ein in Frieden!
Hier wird kein Freund vom Freund geschieden.

Es kommt so manches Schaf herein,
Warum nicht auch ein braves Schwein!!«
Da grunzte das Schwein, die Englein sangen;
So sind sie beide hineingegangen.

[II, 86. Der heilige Antonius]

Der Mensch wird schließlich mangelhaft.
Die Locke wird hinweggerafft.

[I, 600. Die fromme Helene]

Von großer Eifersucht erfüllt,
Hebt er die Flasche rasch und wild.
Und – kracks! – Es dringt der scharfe Schlag
Bis tief in das Gedankenfach.
s'ist aus! – Der Lebensfaden bricht.

[I, 625. Die fromme Helene]

Sosehr sein Ende mich bewegt,
Ich durft' es anders nicht vermelden. –
Er stirbt – denn tragisch angelegt
War der Charakter meines Helden.

[I, 646. Hans Huckebein]

Oh, sieh! – Im sel'gen Nachtgewande
Erscheint die jüngstverstorbne Tante.
Mit geisterhaftem Schmerzgetöne –
»Helene!« – ruft sie – »O Helene!«
Umsonst! – Es fällt die Lampe um,
Gefüllt mit dem Petroleum.
Und hilflos und mit Angstgewimmer
Verkohlt dies fromme Frauenzimmer.
Hier sieht man ihre Trümmer rauchen.
Der Rest ist nicht mehr zu gebrauchen.

[I, 631. Die fromme Helene]

Sieh, da naht die alte Grete,
Eine Jungfer ernst und still;
Sie verlangt nach grüner Seife,
Weil sie morgen waschen will.

Auch erhob sie eine Klage,
Daß sie's so im Leibe hat,
Weshalb sie vor allen Dingen
Erst um einen Kümmel bat.

Fritze zeigt sich dienstbeflissen.
Ihm ist recht konfus und wohl.
Statt der großen Kümmelflasche
Nimmt er die mit Vitriol.

Jungfer Grete, voller Freuden,
Greift begierig nach dem Glas;
Fritz, der grünen Seife wegen,
Beugt sich übers Seifenfaß.

Weh, was muß man nun erblicken?
Wo ist Fritzens Gleichgewicht?
Was sind dies für Angstgebärden
Hier auf Gretens Angesicht?

Fritze strampelt mit den Beinen,
Doch die Seife wird sein Grab;
Greten nagt die scharfe Säure
Ihre Mädchenseele ab.

Kümmel zieret keinen Jüngling,
Dazu ist er noch zu klein;
Und ein braves altes Mädchen
Muß nicht mehr so happig sein.

[I, 935. Fritze]

Gewaltig braust der Sturm. Die Donner schallen.
Der Doktor aber nimmt sein Paraplü,
Spannts auf und spricht: »Jetzt kommt die Brüh!!«
Horch! – Plötzlich wie des Gerichts Trompete,
Donnert von oben eine Stimme: »Töte!! Töte!!«
Huit! – Knatteradoms! – Ein Donnerkeil –
Und Alopecius hat sein Teil.

[II, 58. Der heilige Antonius]

Knopp, der hat hienieden nun
Eigentlich nichts mehr zu tun. –
Er hat seinen Zweck erfüllt.
Runzlig wird sein Lebensbild.
Mütze, Pfeife, Rock und Hose
Schrumpfen ein und werden lose,

So daß man bedenklich spricht:
»Hört mal, Knopp gefällt mir nicht!«

In der Wolke sitzt die schwarze
Parze mit der Nasenwarze,
Und sie zwickt und schneidet, schnapp!
Knopp sein Lebensbändel ab.
Na, jetzt hat er seine Ruh!
Ratsch! Man zieht den Vorhang zu.

[II, 322. Julchen]

Hartnäckig weiter fließt die Zeit;
Die Zukunft wird Vergangenheit.
Von einem großen Reservoir
Ins andre rieselt Jahr um Jahr.

[II, 671. Maler Klecksel]

Dennoch seh' ich dich erbeben,
Eh' du in die Urne langst.
Weil dir bange vor dem Leben,
Hast du vor dem Tode Angst.

[II, 75. Schein und Sein]

Zu guter Letzt

Fortuna lächelt, doch sie mag
Nur ungern voll beglücken;
Schenkt sie uns einen Sommertag,
So schenkt sie uns auch Mücken.

[II, 1042. Mein Dank]

Kaum hat mal einer ein bissel was,
Gleich gibt es welche, die ärgert das.

[II, 367. Fipps der Affe]

Ewig an des Lebens Küsten wirst du scheiternd untergehn.

[II, 737. Schein und Sein]

Es donnerte und blitzte. Es war eines jener schrecklichen Unwetter, die dem Wanderer, dem Mitgliede des Alpenklubs, der auf steilen Pfaden ohne Führer herniedersteigt, so häufig verderblich werden.

[II, 412. Eduards Traum]

Im ersten Coupé hatte ein gewiegter Geschäftsmann Platz genommen, der, nachdem er seine Angelegenheiten geregelt hatte, nun inkognito das Ausland zu bereisen gedachte. Im zweiten Coupé saß ein gerötetes Hochzeitspärchen; im dritten noch eins.

Im vierten erzählten sich drei Weinreisende ihre bewährten Anekdoten.

Sämtliche noch übrigen Coupés waren vollbesetzt von

einer Kunstgenossenschaft von Taschendieben, die nach dem internationalen Musikfeste wollten.

[II, 418. Eduards Traum]

Auf dem Bahndamme standen mehrere Personen.

Ein Greis ohne Hoffnung, eine Frau ohne Hut, ein Spieler ohne Geld, zwei Liebende ohne Aussichten und zwei kleine Mädchen mit schlechten Zeugnissen.

[II, 418. Eduards Traum]

Mit sich selbst ist man nicht immer in der vornehmsten Gesellschaft.

[II, 877. Aphorismen]

Im vierten Stock legt ein Fräulein Hut und Handschuh ab. Sie hat Einkäufe gemacht, unter anderm ein Glas voll Salpetersäure. Nicht ohne einen gewissen Zug von Entschlossenheit sieht sie dem Besuche ihres Verlobten entgegen.

Eine kleine Betriebsstörung im Verkehr zweier Herzen kann immerhin vorkommen.

[II, 420. Eduards Traum]

Im dritten Stock öffnete sich etwas hastig die Türe des Eßzimmers. »Babett!« ruft eine weibliche Stimme. »Komm mit dem Wischtuch! Mein Mann hat das Sauerkraut an die Wand geschmissen!«

Ach, wie bald verläßt der Friede den häuslichen Herd, wenn er an maßgebender Stelle keine kulinarischen Kenntnisse vorfindet.

[II, 420. Eduards Traum]

Im zweiten Stock – Madame sind ins Theater gefahren – führt sich das Kindermädchen den Inhalt der Saugflasche zu. Das Mädchen ist fett, der Säugling ist mager. Der Säugling schreit auch. Allerdings! Die Säuglinge schreien mitunter.

Aber wie man auch sonst über Säuglinge denken mag, so rechte Denunzianten, gottlob, das sind sie noch nicht!

[II, 420. Eduards Traum]

Im ersten Stock, beim Scheine der Lampe, sitzt ein altes trauliches Ehepaar. Fast fünfzig Jahre sind's her, daß sie sich liebend verbunden haben. Sie muß niesen. »War das eine Katze, die da prustet?« fragt er. »War das ein Esel, der da fragt?« spricht sie.

So soll's sein! Wenn man auch früher verliebt war, das schadet nichts; wenn man nur später gemütlich wird.

[II, 420. Eduards Traum]

An all unserem Ärger sind andere schuld. Das beste Mittel aber, um bei guter Laune zu bleiben, ist die stets richtige Erkenntnis, daß man selber nichts taugt.

[II, 880. Aphorismen]

Wer möchte diesen Erdenball
Noch fernerhin betreten,
Wenn wir Bewohner überall
Die Wahrheit sagen täten.

[I, 813. Kritik des Herzens]

Wer liebt zum Beispiel auf dieser Erde,
Ich will mal sagen, die Steuerbehörde?
Sagt sie, besteuern wir das Bier,
So macht's den Christen kein Pläsier.
Erwägt sie dagegen die Steuerkraft
Der Börse, so trauert die Judenschaft.
Und alle beide, so Jud und Christ,
Sind grämlich, daß diese Welt so ist.

[II, 1035. Der Nöckergreis]

Gleichgültig nimmt der Kleiderstock
Entgegen Hut und Überrock.

[II, 885. Aphorismen]

Und der Jud mit krummer Ferse,
Krummer Nas' und krummer Hos'
Schlängelt sich zur hohen Börse
Tiefverderbt und seelenlos.

[I, 559. Die fromme Helene]

Nach dem vierzigsten Jahr ändert keiner mehr seine Philosophie.

[II, 880. Aphorismen]

Das was wir sind, weiß ich genau.
Wir alle haben unsern Sparren,
Doch sagen tun es nur die Narren.
Der Weise schweigt.

[II, 598. Zu guter Letzt]

Von einer Düne sieht man weit. –
Das Meer ist voller Flüssigkeit.

Das Ostland ist an Möwen reich.
Die jungen Möwen hat man gleich;
Die Eltern aber schrein und tüten
Und schweben über unsern Hüten.

Am Strande aber geht man froh
Erst so hin und dann wieder so;
Man sieht ein Schiff, tritt in die Qualle,
Hat Hunger, steigt in diesem Falle

Zur Giftbutike kühn hinauf,
Erwirbt ein Butterbrot durch Kauf
Und schlürft, wenn man es nötig hat,
Den vielberühmten »Dorenkat«.

[II, 1016. Borkum]

Kleider sind da wenig Sitte;
Höchstens trägt man einen Hut,
Auch wohl einen Schurz der Mitte;
Man ist schwarz und damit gut.

[II, 325. Fipps der Affe]

Wenn es Silvester schneit,
Ist Neujahr nicht weit.

[II, 870. Aphorismen]

Der Mensch, durchtrieben und gescheit,
Bemerkte schon seit alter Zeit,
Daß ihm hienieden allerlei
Verdrießlich und zuwider sei.

Die Freude flieht auf allen Wegen;
Der Ärger kommt uns gern entgegen.
Gar mancher schleicht betrübt daher;
Sein Knopfloch ist so öd und leer.

Für manchen hat ein Mädchen Reiz,
Nur bleibt die Liebe seinerseits.
Doch gibt's noch mehr Verdrießlichkeiten.
Zum Beispiel läßt sich nicht bestreiten:

Die Sorge, wie man Nahrung findet,
Ist häufig nicht so unbegründet.
Kommt einer dann und fragt: »Wie geht's?«
Steht man gewöhnlich oder stets

Gewissermaßen peinlich da,
Indem man spricht: »Nun, so lala!«
Und nur der Heuchler lacht vergnüglich

Und gibt zur Antwort: »Ei, vorzüglich!«
Im Durchschnitt ist man kummervoll
Und weiß nicht, was man machen soll.

[II, 497. Balduin Bählamm]

Im Land Italien lebt man froh,
Hoch hüpft das Herz und hoch der Floh.

[II, 874. Aphorismen]

Schlimmer als Flötengetön ist das lautlos wirkende
                                                    Pustrohr;
Pustet man hinten, so fliegt vorne was Spitzes heraus.

[I, 912. Silen]

Erschüttert gehen Vers und Reime
Mitsamt dem Kunstwerk aus dem Leime.

[II, 514. Balduin Bählamm]

Und ich kann es nicht verneinen,
Daß es böse Geister gibt,
Denn ich habe selber einen,
Der schon manchen Scherz verübt.

[II, 589. Zu guter Letzt]

Über Wilhelm Busch

Ich möchte' Wilhelm Busch wohl sein,
Sein geistig Aug ist scharf und fein,
Philosophie ist ihm ein Spiel.
Er spricht gescheit – nur etwas viel.
Und sagt man ja, so sagt er nein!
Ich möchte doch der Busch nicht sein.

Der Busch da ist ein Bösewicht,
Denn schweigen tut er meistens nicht.

Die Freunde Bassermann und Adamo
über Wilhelm Busch

»... ich wär auch zu bescheiden über so einen Riesenvormat von ein Kerl – über Wilhelm Busch was zu schreiben. Ich kann ihm bloß anbeten.«

Olaf Gulbransson

Wilhelm Busch, insbesondere der Schriftsteller Busch, ist einer der größten Meister stilistischer Treffsicherheit. Ich denke – außer vielleicht Lichtenberg – hat es keinen Ebenbürtigen in deutscher Sprache gegeben.

Albert Einstein

Hundert Jahre Wilhelm Busch.
Mir zumute
scheint das nahezu ein Husch.
Und mehr habe ich nicht zu sagen.

Will mich mit gezogenem Hute
Seitwärts in die Büsche schlagen.

Joachim Ringelnatz

Wie wollte man den deutschen Humor definieren, wenn es nicht Wilhelm Busch gegeben hätte?

Tomi Ungerer

Wilhelm Busch, der alte, genialische Spitzbube.

Arno Schmidt

Lektüre von Buschs »Humor. Hausschatz« – eher verstimmend.

Thomas Mann

Ich verweise auf den vielsagenden Ausspruch eines glaubwürdigen Blattes: »Il faut louer Busch pour ce qu'il a fait, et pour ce qu'il n'a pas fait.«

Von mir über mich

Der Großspötter aus der niedersächsischen Provinz

> *Und ich kann es nicht verneinen,*
> *Daß es böse Geister gibt,*
> *Denn ich habe selber einen,*
> *Der schon manchen Scherz verübt.*

»Max und Moritz«, »Die fromme Helene«, »Hans Huckebein, der Unglücksrabe«: Nahezu jeder ist mit diesen Bild-Geschichten aufgewachsen, und in deutschen Haushalten gehören die großformatigen Wilhelm-Busch-Alben neben Bibel und Kochbuch noch immer zur Grundausstattung.

Viele seiner Reime und Aphorismen wurden zu geflügelten Worten und sind in den allgemeinen Sprichwortschatz aufgenommen worden. Nach Luther hat kein anderer so tief das sprachliche Bewußtsein der Deutschen geprägt wie Wilhelm Busch.

Buschs Bildergeschichten sind von einzigartiger graphischer Qualität. Mit nur wenigen knappen Strichen und kongenialen Texten gelingt es ihm, das Maximum zu erreichen. Er gilt vielen als Erfinder des Comics, doch seine virtuosen Karikaturen und ironische Verskunst blieben einmalig und bis heute unübertroffen.

Er war schon zu Lebzeiten ausgesprochen populär, obwohl er seinem Publikum gnadenlos den Spiegel vorhielt. Nach Robert Gernhardt machte er alles »nieder, was den Zeitgenossen heilig war: die Ehe, die Kirche, den Sinn des Lebens, die Erziehung, den gepflegten Suff und die holde Kunst.«

Seine auf den ersten Blick lustigen Geschichten strotzen vor Gemeinheit und Tücke, es sind durchgängig Inszenierungen von Boshaftigkeit. Unter rabenschwarzem Humor verbirgt sich eine zutiefst kritische satirische Weltbetrachtung, aber auch eine tiefe Moral und Verständnis für die Unzulänglichkeiten der eigenen Spezies. »Ich bin Pessimist für die Gegenwart, aber Optimist für die Zukunft.«

Die Urteile über Wilhelm Busch sind vielfältig, vom Nihilisten, Anarchisten, größten Pessimisten des 19. Jahrhunderts bis zum verkappten Antisemiten, Kinderfeind und Frauenfeind und Menschenfeind, vom unzugänglichen Eremiten, norddeutschen Spötter bis zum skurrilen Haushumoristen und Weisen von Wiedensahl.

Wer war dieser Mann wirklich, und wie hat er es geschafft, aus bescheidenen Verhältnissen und unter oft widrigen Umständen trotz mancher Niederlagen vom »verbummelten« Studenten und Lohnzeichner zum Erfolgsautor und Lieblings-Weisen der Deutschen zu werden?

In Wiedensahl, einem kleinen Dorf westlich von Hannover, wird Wilhelm Busch am 15. April 1832 als erstes von sieben Kindern geboren. Sein Vater ist Kaufmann und baut den ererbten Krämerladen allmählich zu einem erfolgreichen Geschäft aus.

Das alte, düstere Bauernhaus, in dem die Familie lebt, war kein Hort häuslicher Glückseligkeit, man führt ein Leben in protestantischer Strenge, und die Kinder haben nach den puritanischen Vorstellungen der Zeit zu funktionieren.

Mit neun Jahren wird Wilhelm zu seinem Onkel, Pfarrer Georg Kleine, nach Ebergötzen geschickt, einem Dorf bei Göttingen, drei Tagesreisen entfernt, darf erst nach drei Jahren in den Ferien zum ersten Mal wieder zu seiner Familie und muß sich da wie ein Fremder fühlen: »Als ich dann wieder mal nach Hause kam, ging meine Mutter grade ins Feld, den Leuten Kaffee zu bringen. Ich kannte sie gleich; aber sie kannte mich nicht, als ich an ihr erstmals vorbeiging.«

Diese Schilderung, mehr als 40 Jahre später wiedergegeben, läßt ahnen, wie erschütternd das Erlebnis für das Kind gewesen sein muß und warum es bis ins hohe Alter unvergessen geblieben ist. Die frühe Trennung und damit der Verlust der Familie, die Strenge des Vaters und die Entbehrung mütterlicher Zuneigung haben Wilhelm Busch im Kindesalter geprägt und sein Leben lang umgetrieben.

Die fehlende Liebe wird eines der Grundthemen seiner Bildergeschichten, in denen Kindheit als permanenter, strenger Dressurakt erscheint und Kinder und Erwachsene nur als natürliche Feinde miteinander leben.

Neben der beengten Situation im Elternhaus dürfte das in den Augen des Vaters unzureichende schulische Angebot ein Hauptgrund gewesen sein, das Kind, wie dann später auch seine Geschwister, dem Onkel zur weiteren Erziehung zu überlassen.

Und Pfarrer Kleine machte seine Sache gut. Jenseits aller Prügelpädagogik unterrichtet er seinen Privatschüler umfassend, lehrt ihn die Natur zu lieben, regt ihn zum Zeichnen und Schreiben an und öffnet ihm seinen Bücherschrank zur uneingeschränkten Lektüre.

Ebergötzen ist für Wilhelm Busch ein Idyll. Hier kann

er die verlorene Kindheit nachholen und schließt eine lebenslange Freundschaft mit dem Sohn des Müllers. Deren gemeinsame Streiche finden sich später in »Max und Moritz« wieder, die Mühle wird zum immer wiederkehrenden Motiv in seinem Werk.

Mit 15 Jahren schafft er die Aufnahme an die Polytechnische Schule in Hannover und beginnt dort auf Wunsch des Vaters mit einem Maschinenbaustudium. Dreieinhalb Jahre bemüht er sich, bis er seinem Drang, Maler werden zu wollen, nachgibt und zwei Freunden an die Kunstakademie Düsseldorf folgt.

Der Neunzehnjährige hat sich zum ersten Mal gegen den elterlichen Willen aufgelehnt. Man kann sich vorstellen, auf welche Ablehnung sein Berufswunsch bei den strengen und nüchternen Eltern stieß, auch wenn sie ihn letztlich gewähren ließen und weiterhin finanziell unterstützten. Ihre Vorbehalte bewahrheiten sich leider zunächst, denn Wilhelm Busch hat mitnichten Erfolge vorzuweisen, und es wird noch acht Jahre dauern, bis er mit den ersten Bilderpossen Geld verdienen kann.

Bereits nach neun Monaten verläßt er Düsseldorf wieder, enttäuscht vom dortigen Kunstbetrieb, und geht nach Antwerpen an die Königliche Kunstakademie. Die Begegnung mit den Bildern der großen niederländischen Meister führt jedoch zu einer weiteren Verunsicherung und tiefen Krise. Bei aller Begeisterung stellten sich Zweifel an der eigenen Begabung ein, und er erkannte, daß er diese Vorbilder nie würde erreichen können. So wird er zeit seines Lebens nur heimlich malen und das meiste schnell wieder vernichten. Öffentlich ausgestellt werden die meist kleinformatigen Ölbilder, Gemälde und Skizzen, von denen doch etwa tausend das Autodafé überlebt haben, erstmals nach seinem Tode.

Sein Neffe Hermann Nöldeke berichtet: »Und so pinselt er eine Leinwand, eine Pappe nach der andern voll. So häuften sich zeitweilig sehr die Bilder, die, weil sie in der Ecke des Zimmers frisch gemalt aneinandergestellt wurden, oft dutzendweise unlöslich zusammenklebten. Da mußte dann einmal aufgeräumt werden. Im Garten wurde ein großes Feuer gemacht und viel wanderte in die Flammen.«

Mit 21 Jahren zwingen ihn eine Typhuserkrankung, ein psychischer Zusammenbruch und seine finanzielle Lage zum Abbruch des Studiums und zur Heimkehr. Er flüchtet weiter nach Lüthorst, wo der Onkel inzwischen lebt, und beginnt dort Märchen, Sagen und Volkslieder zu sammeln, notiert sich Schauergeschichten und Legenden. Eineinhalb Jahre verbringt er so ziellos und relativ unproduktiv, bevor er seine Selbstzweifel und Unentschlossenheit überwindet und einen neuen Start ins Künstlerleben versucht. Ende 1854 geht er nach München an die Kunstakademie, um dort zu studieren.

Der akademische Betrieb mißfällt ihm jedoch, allein der gesellige Verkehr mit anderen Künstlern beflügelt ihn, er genießt durchzechte Nächte und ist in kleinem Kreis fröhlich und entspannt. Er wird Mitglied im Künstlerbund Jung München und entwickelt hier sein Talent für Karikaturen und Artikel in Kneip-Zeitschriften.

Durch seine »Bummelei« selbst erschreckt, kehrt er nach Lüthorst zurück. Angeregt durch den Onkel, erlernt er die Bienenzucht und erwägt ernsthaft, nach Brasilien, dem Eldorado der Bienenzüchter, auszuwandern.

1858 endlich, inzwischen 26 Jahre alt, zieht es ihn wieder nach München. Im Künstlerbund Allotria wird Caspar Braun, der Verleger der »Fliegenden Blätter« und des »Münchner Bilderbogen«, auf ihn aufmerksam und gibt ihm erste Aufträge zur Illustration von Bildergeschichten. Da Busch die vorgegebenen Texte nicht genügen, beginnt er bald, diese umzuschreiben und neue Reime zu erfinden.

Seine einmalige Doppelbegabung, knappe Zeichnungen und ironische Texte dazu verfertigen zu können, tritt schnell deutlich zutage.

Zum ersten Mal verdient er mit seiner Kunst Geld und erntet Anerkennung. Man kann gar nicht ermessen, wie wichtig dies für den an sich selbst Verzweifelnden gewesen sein muß, auch wenn er noch kokett von »Produkten des drängenden Ernährungstriebes« spricht.

Die Zeit der Ausbildung, verbunden mit größten seelischen Nöten, Versagensangst und ständiger finanzieller Ungewißheit, ist nun abgeschlossen.

In den nächsten sechs Jahren, die er in häufigem Wechsel, mal in Wiedensahl, Lüthorst oder Wolfenbüttel und dann wieder einige Monate in München, verbringt, produziert er kleine und größere Bildergeschichten für die »Fliegenden Blätter« und andere Publikationen.

Zum ersten Mal schmiedet Wilhelm Busch ernsthaft Heiratspläne, doch das junge Alter der Braut und deren gesellschaftlicher Status vereiteln seinen Plan von vornherein.

1865 erscheint »Max und Moritz«; damit ist ihm der große Wurf gelungen, und mit 33 Jahren wird er nun schnell bekannt.

Die finstere Geschichte zweier böser Knaben und der

Reaktion der noch böseren Umwelt auf ihre Streiche, die zu deren gnadenloser, völlig überzogener Vernichtung führt, ist ein bitterböses Sittengemälde und entlarvt die hohlen Moralvorstellungen seiner Zeit. Noch 1929 verfügte die Landesregierung von Steiermark, daß »Max und Moritz« nicht an Jugendliche unter 18 Jahren verkauft werden dürfe.

Auch wenn sein Verleger ihm die Rechte mit einer einmaligen Zahlung abgekauft hatte und mit »Max und Moritz« ein Vermögen verdienen sollte, so partizipierte Wilhelm Busch dennoch an dem Erfolg, da die in schneller Folge nachgedruckten Auflagen seinen Bekanntheitsgrad im In- und Ausland stetig mehrten. Zu seinem 70. Geburtstag erhält er vom Verlag als kleinen Ausgleich 20 000 Goldmark, die er an zwei Krankenhäuser in Hannover weitergeben wird.

1868 zieht er nach Frankfurt am Main, hier ist sein Bruder Otto als Hauslehrer der Familie Keßler tätig.

Angezogen fühlt er sich von der Bankiersgattin Johanna Keßler, die Kunstwerke sammelt, mäzenatisch tätig ist und große Hoffnung in ihn als Maler setzt. Leicht matronenhaft, etwas älter als er und von mütterlichem Wesen, findet Wilhelm Busch in ihr den lange vermißten Mutterersatz. Problematisch wurde die Beziehung, als er in der freundlichen, doch sittenstrengen und gesellschaftlich unerreichbaren Frau mehr als die mütterliche Freundin sehen wollte.

»Bei Ihnen brennt's Feuer im Kamin. Da säß ich auch recht gern«, heißt es in einem Brief an die von ihm so apostrophierte »Tante«.

1877 kommt es zum Bruch und völligem Verstummen

und erst 15 Jahre später, nach dem Tod des Bankiers, zu einer Wiederaufnahme des brieflichen Kontakts mit Johanna und ihren beiden Töchtern und dann auch zu häufigeren Besuchen. »Onkel heißt er günst'gen Falles, aber dieses ist auch alles«, schreibt er voller Selbstironie in einem Gedicht.

Busch verläßt Frankfurt bereits 1872 wieder und zieht in den Haushalt seiner Schwester Fanny, das Pastorat in Wiedensahl.

Bevor Künstlerdörfer und -kolonien en vogue werden, betreibt er eine frühe Form der Stadtflucht. Allein im ländlichen Raum, in den zahlreichen Ateliers, die er im Elternhaus, beim Onkel und anderen Verwandten hatte, findet er die nötige Ruhe und Umgebung, um kreativ zeichnen und schreiben zu können.

»Die fromme Helene« und »Pater Filuzius«, seine großen Satiren gegen die Scheinmoral, auf den Klerus, trunksüchtige Heilige und lüsterne Betschwestern erscheinen und machen ihn endgültig berühmt.

»Der Heilige Antonius von Padua« (1870) bringt Busch einen Prozeß wegen Blasphemie ein, da er Antonius und ein Schwein gemeinsam in den Himmel aufsteigen läßt.

1874 veröffentlicht er seine erste Gedichtsammlung »Kritik des Herzens«. Er wollte zeigen, daß er auch dichten kann, doch die Reaktion des Publikums, das von ihm einfach anderes erwartet, und der Kritiker, die eher zurückhaltend sind, ist für ihn enttäuschend.

Es entwickelt sich ein »Platonischer Briefwechsel mit einer Frau«, der Holländerin Marie Anderson, die ihm zu seinen Gedichten gratuliert hat.

Frau Anderson will den Briefschreiber trotz aller Warnungen seinerseits persönlich treffen, und Wilhelm Busch schlägt kühl vor: »Am Mittwoch nächster Woche werde ich von Frankfurt nach Heidelberg fahren. Es soll mir auf einen kleinen Bogen nicht ankommen. Wie wär's, wenn wir an besagtem Mittwoch Abend ein paar Stunden auf dem Bahnhofe von Mainz verplaudern könnten?«

Als er seine Briefpartnerin erblickt, die als ausgesprochen reizarm beschrieben wird, nimmt er von der Idee, den platonischen Zaun zu übersteigen, wieder Abstand. Den Briefwechsel beendet er umgehend.

So blieben seine wenigen Beziehungen zu Frauen problematisch, sie waren entweder aussichtslos oder durch äußere Umstände zum Scheitern verurteilt. Seine Suche nach Liebe bleibt unerfüllt.

Da Gefühlswirrungen für ihn zunehmend einen bedrohlichen Charakter entwickeln, vermeidet er künftig alle Beziehungen, die ihm den Boden unter den Füßen hätten wegreißen können.

1878, erst 46 Jahre alt, folgt er seiner verwitweten Schwester in das Pfarrwitwenhaus und übernimmt die Vaterrolle für seine drei Neffen.

Er zieht sich zurück und empfängt so gut wie keine Besuche mehr, sucht Ruhe und Kontemplation, leidet zeitweise an einer Magenkrankheit und wiederholt an lang anhaltenden Nikotinvergiftungen. Zu Depressionen neigend, beschäftigt er sich mit den Themen Alter und Tod und mögliche Wiedergeburt.

Weiterhin unternimmt er aber ausgedehnte Reisen nach München, Wien, auch Belgien, Holland und später einmal Italien, und bis ins hohe Alter absolviert er regelmäßig seine Rundreisen zu den Neffen.

Er pflegt seine Freundschaften, auch zu den Malerfürsten Kaulbach und Lenbach, deren große Salons und prachtvolle Gemälde er durchaus erträgt und akzeptiert, obwohl sein eigenes Leben viel bescheidener gestaltet ist und seine Bilder eher kleine Skizzen und Entwürfe als prunkvolle Dekorationskunst sind.

Wilhelm Busch liebte durchaus nicht das Alleinsein. Er war kein Menschenfeind, sondern in kleiner Runde sehr gesellig, nur in großen Gesellschaften fühlte er sich gehemmt und verstummte.

Der überschaubare Kreis vertrauter Freunde und vertrauter Umgebungen war ihm so wichtig wie seine kleinen Zufluchten, die er sich eingerichtet hatte. Als ein in Wolfenbüttel stets für ihn reserviertes Zimmer anderweitig vermietet wurde, brach er den Kontakt zu der Nichte ab und ließ sich dort nie wieder blicken.

Die großen Tiergeschichten wie »Fipps der Affe« (1879), »Plisch und Plum« (1882) und »Schnurrdiburr oder die Bienen« erscheinen. Wilhelm Busch erweist sich als Meister der Fabel.

1884 erscheint mit »Maler Klecksel« seine letzte große Bildgeschichte. Fortan wird er nie mehr zeichnen, wenn man von kleinen Billetts, Karten oder Neujahrsgrüßen, meist an private Empfänger, absieht.

Wichtig ist ihm jetzt das Schreiben, und es entstehen eine Reihe von Gedichten. Zu Lebzeiten veröffentlicht er jedoch nur noch eine Sammlung mit dem Titel »Zu guter Letzt«.

Und er schreibt zwei wunderliche und skurrile Prosatexte: »Eduards Traum« und »Der Schmetterling«, die entfernt an Jean Paul und Wilhelm Raabe erinnern.

1886 erscheint eine von ihm zunächst unterstützte Biographie, die ihn aber als Genius verklärt und ihm ausgesprochen peinlich ist. Er verfaßt eine kurze Gegenbiographie und lanciert diese in verschiedenen Zeitungen: »Von mir über mich« verrät auf wenigen Seiten mehr über den Menschen Wilhelm Busch, als dieser so zurückhaltende und introvertierte Mann sicherlich preisgeben wollte.

Seine Bücher erreichen nun Rekordauflagen, bereits nach einem Monat sind 10 000 Exemplare des ersten Bandes der Tobias-Knopp-Trilogie verkauft, der Verleger muß schleunigst nachdrucken und bekniet seinen Autor, die Fortsetzungen in Angriff zu nehmen.

Wilhelm Busch ist zum Lieblingsdichter der Deutschen geworden, genießt den Erfolg jedoch mit gemischten Gefühlen: »In Kreiensen zog ein Herr meine ›Abenteuer eines Junggesellen‹ aus der Tasche und las sie laut der Reisegesellschaft vor bis Nordstemmen. Es war mir sehr peinlich und ekelhaft, ich tat als ob ich schliefe.«

Gleichzeitig fordert er jedoch seinen Verleger auf, dafür zu sorgen, daß seine Bücher auch an den Bahnhöfen ausliegen.

In wirtschaftlichen Belangen fühlte er sich zeitlebens unerfahren und wohl auch ausgenutzt. Äußerst bescheiden lebend, lag ihm tatsächlich sehr wenig an irdischem Besitz. Nach längerem Hader mit seinem Verleger Bassermann, dem Freund aus Münchner Studentenzeiten, verkauft er an diesen schließlich alle Nutzungsrechte an seinem Werk für geradezu lächerliche 50 000 Mark.

Er ist berühmt und wird ständig um Kommentare, kleine Zeichnungen oder Zuschriften gebeten, doch er scheut zunehmend die Öffentlichkeit und wird infolge seiner zurückgezogenen Lebensweise immer wieder totgesagt.

Mit seiner Schwester, die ihm weiterhin den Haushalt führt, übersiedelt er 1898 nach Mechtshausen am Harz zu deren Sohn Otto, der dort als Pfarrer wirkt. Hier verlebt Wilhelm Busch die letzten zehn Jahre bewußt anonym und läßt sich die Post von Wiedensahl nachsenden. Die Bauern wußten lange nicht, wer der alte Mann war, der täglich seine Spaziergänge machte und auf der Gartenbank des Pfarrhauses seine Zigarren rauchte.

Zu seinem 70. Geburtstag läßt es sich jedoch nicht mehr verheimlichen. Tausende von Glückwünschen trafen ein, Zeitungsteams belagerten seine Wohnstatt, selbst der Kaiser schickte ein Telegramm. Er aber war an einen anderen Ort geflüchtet und traute sich erst Tage später zurück. Er verbringt noch fünf Jahre schreibend und malend bei guter Gesundheit und bestimmt, daß die Werke »Hernach«, »Schein und Sein« und seine Märchensammlung »Ut oler Welt« erst posthum erscheinen.

Über seine letzten Tage berichtet Neffe Otto Nöldeke: »Am 7. Januar wollte er die übliche Reise nach Hannover machen, wo er vierteljährlich seine Geldgeschäfte persönlich erledigte. Am Montag, 6. Januar, fühlte er plötzlich einen Schmerz in der linken Seite und legte sich früh zu Bett, ohne viel Schlaf zu finden. An den beiden folgenden Tagen stand der Onkel noch auf, saß auf seiner Stube an dem gewohnten Platz im Sessel und las in dem etymologischen Wörterbuch von Kluge. Am Mittwoch gegen Abend kam der Arzt, und auf sein Anraten legte sich der Onkel aufs Sofa. Gleich nach acht Uhr brachten wir ihn zu Bett. Dabei wollte er sich noch nicht viel helfen lassen; seine Uhr zog er noch selber auf, und alles mußte in bester Ordnung an den bestimmten Platz gehängt und gelegt werden.«

Am Donnerstag, dem 9. Januar 1908, frühmorgens, stirbt Wilhelm Busch an Herzversagen.

Thomas Kluge

Quellenverzeichnis

Die Werke von Wilhelm Busch werden nach folgender Ausgabe zitiert:
Sämtliche Werke und eine Auswahl der Skizzen und Gemälde in zwei Bänden. Herausgegeben von Rolf Hochhuth. (Gütersloh 1959) 11. Auflage: München 2006 (zitiert: I – II, Seitenzahl).

Darüber hinaus ist der Titel der jeweiligen Veröffentlichung angegeben, um es dem Besitzer anderer Busch-Ausgaben zu ermöglichen, in seiner Edition weiterzulesen.

Zu Rate gezogen wurden weiterhin:

Wilhelm Busch, Gesamtausgabe in sechs Bänden. Herausgegeben von Otto Nöldeke. Verlag Braun & Schneider. München 1955. 3. Auflage.

Wilhelm Busch Album – Humoristischer Hausschatz. Verlag von Fr. Bassermann. München 1924. 21. Auflage 1955.

Neues Wilhelm Busch Album. Verlagsanstalt Hermann Klemm Freiburg. 516. Tausend 1955.

**Schöne insel taschenbücher
für Liebhaber des boshaften Humors**

zum Lesen und zum Verschenken
an saubere Freunde, gute Feinde
und andere falschen Fuffziger

Shaw für Boshafte
Ausgewählt von Thomas Kluge
it 3205. 126 Seiten

Schopenhauer für Boshafte
Ausgewählt von Norbert Wank
it 3226. 102 Seiten

Karl Kraus für Boshafte
Ausgewählt von Christine M. Kaiser
it 3240. 112 Seiten

Arno Schmidt für Boshafte
Ausgewählt von Bernd Rauschenbach
it 3241. 100 Seiten

James Joyce für Boshafte
Ausgewählt von Friedhelm Rathjen
it 3242. 117 Seiten

Heine für Boshafte
Ausgewählt von Joseph A. Kruse
it 3273. 120 Seiten

Nietzsche für Boshafte
Ausgewählt von Norbert Wank
it 3274. 104 Seiten

Oscar Wilde für Boshafte
Ausgewählt von Denis Scheck und Christina Schenk
it 3309. 120 Seiten

Nestroy für Boshafte
Ausgewählt von Peter Cardorff
it 3310. 120 Seiten

Wilhelm Busch für Boshafte
Ausgewählt von Thomas Kluge
it 3311. 120 Seiten

Lektüre für Gestreßte
im insel taschenbuch

Buddha für Gestreßte. Ausgewählt von Ursula Gräfe.
it 2594. 144 Seiten

Fontane für Gestreßte. Ausgewählt von Otto Drude.
it 3030. 120 Seiten

Gandhi für Gestreßte. Ausgewählt von Martin Kämpchen.
it 2806. 146 Seiten

Goethe für Gestreßte. Ausgewählt von Walter Hinck.
it 1900. 128 Seiten

Hesse für Gestreßte. Ausgewählt von Volker Michels.
it 2538. 158 Seiten

Kant für Gestreßte. Ausgewählt von Ursula Michels-Wenz.
it 2990. 192 Seiten

Kierkegaard für Gestreßte. Ausgewählt von Johan de Mylius. it 2661. 192 Seiten

Konfuzius für Gestreßte. Herausgegeben von Ursula Gräfe.
it 2754. 128 Seiten

Karl Kraus für Gestreßte. Ausgewählt von Christian Wagenknecht. it 2190. 144 Seiten

Montaigne für Gestreßte. Ausgewählt von Uwe Schultz.
it 2845. 120 Seiten

Nietzsche für Gestreßte. Vorgestellt von Ursula Michels-Wenz. it 1928. 112 Seiten

Novalis für Gestreßte. Ausgewählt von Ursula Michels-Wenz. it 2704. 160 Seiten

Platon für Gestreßte. Ausgewählt von Michael Schroeder. it 2189. 112 Seiten

Proust für Gestreßte. Ausgewählt von Reiner Speck. it 2866. 144 Seiten

Rilke für Gestreßte. Ausgewählt von Vera Hauschild. it 2191. 112 Seiten

Schopenhauer für Gestreßte. Ausgewählt von Ursula Michels-Wenz. it 2504. 125 Seiten

Seneca für Gestreßte. Ausgewählt von Gerhard Fink. it 1940. 102 Seiten